貴州台江苗族文化調查研究

何善蒙 主編

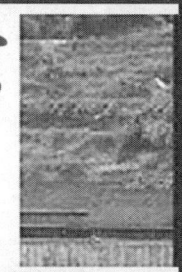

崧燁文化

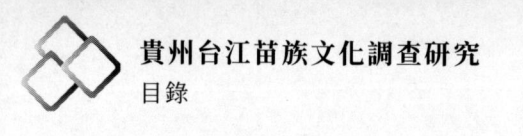

貴州台江苗族文化調查研究
目錄

目錄

序言　以民族文化調查，探尋民族融合經驗

前言

悟透哲學觀是研究苗文化的關鍵

苗族哲學初探

一、特殊的苗族：華夏文化變遷中的苗族 17

二、巫術、儀式與苗族的哲學思維 20

三、鬼神、占卜與苗族的哲學觀 23

四、苗族哲學的基本特色 26

貴州苗族蘆笙舞研究

一、蘆笙的起源 29

二、蘆笙和蘆笙舞的種類 31

　（一）蘆笙的種類 31

　（二）蘆笙舞的種類 32

三、蘆笙舞的舞步特點 36

　1. 圓圈式 36

　2. 模擬式 37

　3.「順邊」式 37

四、蘆笙舞的藝術特點 38

　1. 具有濃厚的宗教色彩 38

　2. 充滿戰鬥與勞動氣息 38

　3. 歡快的生活情趣 39

五、蘆笙舞的價值 39

　1. 促進苗族人民身心健康 39

　2. 促進苗族文化的傳承 40

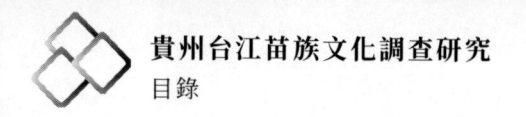

六、蘆笙舞的發展現狀與當代傳承 ………………………………… 40
　　七、結語 ……………………………………………………………… 42

舞出苗族之魂——臺江反排木鼓舞
　　一、孕育環境與古史傳說 …………………………………………… 43
　　二、激昂鼓點與豐富舞步 …………………………………………… 47
　　三、木鼓製作與表演儀式 …………………………………………… 50
　　四、演藝成就與革新傳承 …………………………………………… 52

淺析苗族的牛文化與牛崇拜
　　一、苗族人家與牛的淵源 …………………………………………… 57
　　　　1.原始的農耕生活 ……………………………………………… 58
　　　　2.苗族的民間故事 ……………………………………………… 58
　　二、牛元素在苗家人生活中的運用 ………………………………… 60
　　　　1.在建築上的體現 ……………………………………………… 61
　　　　2.在剪紙刺繡與服飾上的體現 ………………………………… 62
　　　　3.在歌舞上的體現 ……………………………………………… 66
　　　　4.在節日習俗上的體現 ………………………………………… 67
　　三、苗族與其他民族的牛崇拜 ……………………………………… 70
　　四、牛文化的逐漸消退以及思考 …………………………………… 71
　　五、小結 ……………………………………………………………… 72

苗族建築文化淺析
　　（一）苗族建築瑰寶——吊腳樓 …………………………………… 75
　　（二）苗族建築中的歷史與人文 …………………………………… 79
　　（三）吊腳樓的文化保護 …………………………………………… 84

苗族女性形象探究
　　一、蝴蝶媽媽的傳說 ………………………………………………… 87
　　二、遊方 ……………………………………………………………… 90

三、姊妹節 92

　　四、踩鼓 94

　　五、理辭下的苗族女性形象 96

　　六、結語 98

歷史的吶喊——臺江縣苗族服飾之旅

　　一、苗族服飾的基本特點 101

　　二、苗族服飾形成的歷史地理原因 106

　　三、苗族服飾的社會功能 108

　　四、苗族服飾的未來發展前景 112

臺江縣苗繡技藝

　　一、概況 115

　　二、蝴蝶媽媽的傳說 117

　　三、苗繡工藝 119

　　　　（一）挑花 122

　　　　（二）刺繡 123

　　　　（三）織花 124

　　四、臺江刺繡工藝現狀及未來發展思考 125

參考文獻

序言　以民族文化調查，探尋民族融合經驗

何善蒙

　　中國自古以來就是一個多民族相依共存的國家，各民族文化保持自己鮮明的個性，又相互吸納和融合，最終形成了凝聚力、熔鑄力、生命力極強的多元一體的中華文化。促進少數民族的全面發展，不僅有利於加強民族間的交流合作，促進民族關係的和諧發展，更重要的是能夠增加中華文化的活力，促進中華文化的可持續發展。然而，當前受經濟全球化和消費型文化的衝擊，中國少數民族優秀傳統文化正在加快流失，許多少數民族文化遺產處於瀕危狀態，中國文化多樣性優勢正在不斷喪失。如果任其發展下去，勢必對少數民族的自尊心和自信心造成嚴重影響，對中華文化的生機和活力造成嚴重影響，對中華民族的凝聚力和向心力造成嚴重影響。因此，在強調中華文化偉大復興的背景下，如何重新認識並弘揚優秀少數民族文化的傳統，實現其在當代背景下的有效轉換，這無論是對於少數民族的文化傳統的繼承和弘揚來說，還是對於中華民族優秀文化的現代轉換來說，都是有著極為重要的現實意義的。

　　貴州是個少數民族聚集的大省，由於地處偏遠，山水相隔，與外界及相互間交往較少，這些少數民族以及各個分支都長期按照各自不同的自然環境在生產、生活中傳承和發展著自己的歷史，形成了人類學上極為獨特的「文化千島」現象。無論是其中的傳統節日、舞蹈、歌唱、戲曲、服飾、傳說、故事、風俗習慣、娛樂競技等，還是具有獨特地方特色和民族風格的風雨橋、鼓樓、吊腳樓等，都從不同角度向世人展示著少數民族文化的魅力與中華文化的風采。然而，如今，貴州省少數民族文化現狀令人擔憂。貴州省少數民族文化原本就缺乏完善的傳承體系，隨著經濟發展、現代化進程的加快，貴州省內大量人口外遷，再加之原住民的文保意識薄弱，當地缺乏專門的文保人才，其無疑會面臨著少數民族語言文字失傳、古籍文物流失、民族村消亡、

貴州台江苗族文化調查研究

序言　以民族文化調查，探尋民族融合經驗

民族文化資源瀕臨滅絕、民族民間文化藝人缺乏接班人等眾多少數民族文化危機。

貴州正是因為有獨特的少數民族研究條件，才使得人們對其中文化發展面臨的問題有更突出的重視。通常來說，對少數民族傳統的調查和研究，主要有以下三個層面：第一，是直觀的少數民族特點，體現在當下少數民族村寨的日常生活中，可以透過觀察和對話記錄得到，例如傳統的建築樣式、服飾特徵和語言文字，可以最為明顯地區別各個民族。第二，是少數民族的歷史，每個民族都擁有自己的歷史，在分享同樣的時間區間時，因為地理環境等因素的作用，發展出了風格迥異的人情和風俗，生活在時間中動態的歷史變化一直延續至今，從發源到逐漸成型，直至今天的民族融合，每一個民族的形成不僅因為相對封閉和隔離突出了區別，很大程度上具有一樣的發展進程形成了共性。特性雖能夠引起人的好奇心，豐富中華文化，但是融合的基礎在於更顯著的共性，因為人性的相通，再長的距離、再奇特的氣候都能在一個行為習慣上找到大家一致認可的理由。第三，即是由歷史變化衍生出的民族融合，雖是一種必然的發展過程，卻是發展過程中意義特殊的階段。在交流越來越便捷的情況下，豐富多彩的少數民族習俗可能會由於追求生活的高效，逐漸變得一致化和公式化，但是民族融合既然是不可缺失的部分，並且在歷史的動態性中造成重要的作用，關注民族融合是研究融合的原因和融合的方式以及融合的結果，並非以融合的目的去探求民族融合。事實上融合併非意味著一種文化的消亡，而是意味著一種文化的新生，每一個民族文化的產生都是在實踐借鑑中成型的，而保留至今、能夠使人們認可並且視作瑰寶的部分，都是融合、比較之後被選擇的結果。雖然不能避免融合的同化作用，但是融合的提煉作用相對更為突出。

貴州因是一個少數民族聚居地區，所以產生了其他地區所沒有的、極為獨特的民族融合現象，這種融合既保留有各個民族自身的特點，使得貴州不被稱作某一個民族的據點，又使得每個文化具有很高的接受度和價值性。不論是從單個民族看，還是從多個民族觀察；無論是從單個民族縱向比較，還是從多個民族橫向比較，融合廣泛存在的現象不難發現，有表現一致的融合性，例如一天的作息習慣；也有內涵一致的融合性，例如不同儀式下同樣的

精神追求。這些均對少數民族文化的理解和保護有重要作用。因此，如何深入瞭解貴州民族文化融合性的特點，在當前具有尤為重要的理論和現實意義。

在這樣的背景下，由浙江大學和貴陽孔學共同推出「民族文化與民族融合系列調查」，旨在透過對貴州少數民族文化傳統的深入考察，在儘量反映少數民族文化傳統現狀的基礎上，探尋貴州少數民族融合經驗，並試圖在此基礎上為民族融合提供一種思考的可能範式。這樣的理解對於少數民族文化傳統的梳理和現代轉換來說，是極為重要的；對於中華民族文化的偉大復興來說，也有著非常關鍵的影響。該系列調查計劃用五年左右的時間，儘量囊括貴州境內具有代表性的少數民族，深入少數民族聚居區進行田野調查，最終形成能夠反映貴州少數民族融合特徵的叢書。

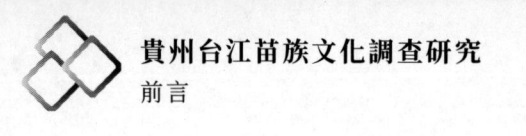

前言

　　貴州省少數民族分佈廣泛，為了總結貴州少數民族的融合特徵，浙江大學人文學院赴貴州苗族文化調研團成員趙琳、畢聖雪、陳鑫穎、周恩澤、劉思怡、乙小康、董潔、李柵柵、盧涵等，深入貴州省臺江縣最具有特色的苗族聚居區，圍繞「民族文化與民族融合」這一主題，開展了為期一週的調研。調研團成員走遍了臺江縣反排、交汪、南刀、大塘、紅陽、施洞等地的多個村鎮，深入考察了苗族群眾的生產生活、歷史文化、節日習俗等。透過調研報告的形式，如實記錄了本次調研的主要過程及其所得所思所感。調研結束後，調研團成員對調研報告進行系統歸納整合，加工潤色，遂成此書。

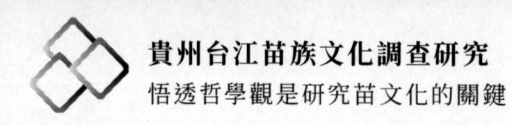

悟透哲學觀是研究苗文化的關鍵

山陽

臺江是原生態苗族文化的海洋，對其獨特的苗族文化要予以充分肯定和高度關注。臺江是一個文化富縣，但還不是一個文化產業大縣。之所以這樣認為，一方面是因為雖然有關苗文化的專著和論文不在少數，但對苗文化的認識沒有上升到哲學高度，沒有從哲學視角來分析苗文化，沒有形成苗文化的哲學思想體系。另一方面是因為雖然苗族服飾有百餘種，歌舞等非物質文化遺產一大堆，但沒有找到苗文化最深處的那個點。無論中華文明或西方文明，任何一個國家和民族的文明，最後一定落腳到哲學觀上去。文明的深處是靈魂，靈魂一定是要有獨特哲學觀的。臺江苗文化是值得自豪、值得尊重的文化。筆者建議可從以下六個維度來把握。

第一，苗文化是中華文明一脈從未間斷過的獨特經線。這是最基本的定位。中華文明源遠流長，炎黃打敗蚩尤之後，炎黃文化一直在中原傳承，蚩尤一族不斷向南遷徙。中原文化在歷朝歷代的發展是很清晰的，包括文化演進以及哲學觀。但中原地區戰亂不斷，朝代不斷更迭，文化不斷融合創新。中原文化在朝代更迭中，有些中斷了，有些找不到了，有些與外來文化不斷融合。總體看這是好事情，但在融合過程中也失落了許多東西。現在來看，苗文化始終保持著它的獨特性，沒有在歷史長河中湮滅其個性。苗文化遷徙過程中又繁育了楚文化。我們看《羋月傳》，羋月帶到秦宮中的寶貝尤其是草藥，實際就是楚文化在反哺秦文化。苗文化從遠古到現在沒有中斷過，又不斷反哺中原文化，其作為中華文明的一脈支線有獨特的研究價值。一定程度上說，苗文化承載了許多主流文化中丟失的文明因素，這是苗文化最值得驕傲和最令人自豪的地方。

第二，苗文化是中國農耕文明難得的活態碩果。中國乃至世界農耕文明是在長三角一帶興起的。農耕文明興起是苗族人的貢獻。為什麼叫做苗族？郭沫若認為就是因為他們最早開始種水稻。水稻是農業文明興起的標誌。農業文明的興起帶來人口膨脹，苗人第一次遷徙到黃河中下游一帶。部落戰爭

貴州台江苗族文化調查研究
悟透哲學觀是研究苗文化的關鍵

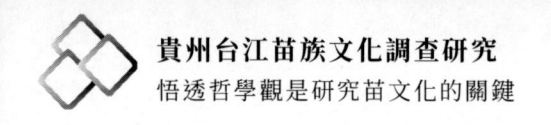

失敗後，才有了後來的苗族遷徙。苗族遷徙過程中一直傳承著自己的農耕生產技術。苗族先民在雷公山一帶安居下來之後，兩千多年來沒有大的改變。臺江可以說是中國原始農耕文明的活態碩果，因為現在整個臺江的農業生產還處於肩扛牛拉階段，基本靠人力、畜力承擔，少量運用機械耕作。因為生產力水平不高，也沒有產生社會分化，臺江的苗族村寨裡面都有寨老，但寨老的生活水平並不比普通村民高多少，他們靠的是個人威信，並由此形成了苗族村寨以血緣關係為紐帶的差序格局。近年隨著高速公路的開通和市場經濟的活躍，化石農業開始在臺江滲透，變化正在開始。如果高速公路再晚開通十年，這個地方將會是中國原始農耕文明最寶貴的活態遺存。這裡的歌舞、節慶、銀飾、服飾以及一些生活方式、習俗、飲食等，都是農耕文明的反映。中華文明本質上是農耕文明，農耕文明相對於其他文明來說，是一個文明程度較高的文明，其對禮教以及人內心的教化是比較嚴格的。

第三，苗文化本質上是一種值得尊重的悲情文化。苗族是一個歷經苦難的民族。《苗族古歌》是苗族歷史文化的一部百科全書，是苗族人民生活的瑰麗畫卷，它反映了苗族人民生產生活的方方面面。古歌敘述天地生成、生命起源、天人關係，是苗族人民哲學思想的萌芽。雖然苗族遷徙是戰爭造成的，但《苗族古歌》中沒有一句戰爭的話，總是樂觀的、向上的。新中國成立以後，苗族同胞才過上安居樂業的生活。苗文化裡很多意蘊是悲壯的，歌聲裡有悲腔，喪葬禮儀「回到東方去」則是對祖先的懷念。我們要理解苗族同胞的內心世界，為什麼有那麼多聚會、為什麼有那麼多節日，因為他們處在不穩定之中，因此更加珍惜聚會，珍惜生命中的相遇。但從歷史軌跡來看，苗族同胞又始終以樂觀態度處世，用歡歌面對苦難，歷經劫難卻生生不息。這是一種貴族氣息，是一種可貴的品質，是一種值得尊重的文化。

第四，苗文化是一種具有神秘感的禮儀文化。苗文化中有很多的習俗和禁忌，實際上都可歸結於禮儀。中國的禮儀文化傳說是由蚩尤創造的。中原地區的民間禮儀溯源都是《周禮》傳下來的。現在看苗文化，尤以喪葬文化為例，很多元素和中原一樣，可以在中原文化中找到印證。禮儀文化尤其是喪葬和婚姻、生育文化，最能看出一個民族的價值觀。這是一個民族對生活、對人生、對世界看法的集中體現。死亡喪葬既是對過去的肯定，又有對未來

的期待；生孩子是生命輪迴的開始；結婚是陰陽之和，孕育和培養新生命。透過對這幾個節點的文化現象進行比較，立馬可以看出民族差異性。比如，對於人去世，西方做彌撒，中國一些少數民族的棺葬、土葬、火葬等，各有特色，各有意旨。

　　第五，苗文化是一種崇尚勤勞和真善美的先進文化。苗族的古歌、故事多是倡導和崇尚勤勞的，鼓勵人追求真、追求善、追求美，這本質上是一種先進文化。令人遺憾的是，苗文化中的勸學文化相對較少，這可能和苗文化不是靠文字傳承有關。在征戰和遷徙過程中，不可能對孩子進行持續的教化。苗族的建築說不上精美，傳統建築都是木質結構的。因為生活不穩定，文化典籍保留不多。

　　第六，苗文化是一種與現代社會有很多相容性的獨特文化。現代社會存在著很多由於現代性發展而帶來的難題。比如，人與人之間的相處，契約精神越來越強，守望家園意識越來越弱，但苗族村寨裡共同守望家園的意識傳承是強烈的。現代社會很多人急躁焦慮，但苗族同胞開朗大方、樂觀陽光。這跟他們能歌善舞有關，與他們善用自己的文化觀來排解矛盾有關。臺江苗族文化中保留了很多母系氏族向父系氏族過渡的文化元素。中原文明自明朝以後，女性是沒有婚姻自主權的，靠的是父母之命、媒妁之言，但苗族女孩對婚姻擁有相當的主動權。姊妹節在某種意義上就是女孩子談戀愛、找對象的節日。女孩子透過對歌來選擇對象，決定是不是跟男孩子生活在一起。這是一種進步，與現代社會對女性的尊重相吻合。

　　哲學觀是苗文化的精髓所在，文化研究不僅要看文化現象、文化流派、文化傳承，更重要的是找到文化的根和魂。中國哲學思想的源頭和苗族文化的源頭能不能打通做研究，中國哲學思想史和苗族文化史有沒有呼應關係。如果能夠一步一步把這些問題解開，將會對研究臺江、苗族乃至中國人的哲學觀、思維觀，都非常有幫助。

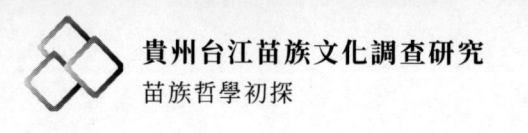

苗族哲學初探

盧涵

一、特殊的苗族：華夏文化變遷中的苗族

　　苗族是一個古老並且傳統文明保存良好的民族，從苗族的傳統中可以看出它與漢族之間的聯繫和區別。在華夏文明的背景下，苗族文明的結構、思想的結構都是與漢族相似的。在中華文明隨著歷史變遷的過程中，苗族甚至曾經主導過一段時間，由此，在中國歷史長河中，苗族的形象就明顯比其他少數民族要突出。如果說其他的少數民族只是增加了中華文化的豐富性，那麼苗族則對中華思想有著精神性的浸染，所以從哲學上考察苗族的特徵具有特別的意義。炎黃最終打敗了蚩尤，漢族控制了華夏，相比儒家和道家的思想，苗族的哲學鮮有人關注。提及苗族，往往只停留在傳統文化的層面，因為只有更為成熟和強大的傳統才有可能形成獨特的哲學體系。但如果意識到苗族在中國傳統中獨特的地位，那麼實際上可以從中國哲學中找出苗族的哲學體系。作為少數民族，苗族雖然沒有像漢族那樣廣泛的影響力，但是也正是因為面積較小，與其他文明的接壤邊界較小，受到其他文明改造的可能性也較小，更容易保持自己的純粹性。且不說這種純粹性在效用上是好還是壞，但是對於研究一種思想的發源來說必然是有積極意義的。況且苗族和漢族是互相融合和吸收的關係，兩者之間的衝突並不明顯，在中華文化的大環境下，苗族也能較好的發展，不至於被扭曲和破壞，因而對照著苗族傳統的特點，就能在中國哲學的變遷中找到苗族哲學思想的痕跡。

　　首先需要尋找中國傳統中，苗族主導的時期。苗族主導中華文明的時期較早，在炎黃奠定華夏基礎之前，苗族在中國擁有更中心的位置和勢力。與之相比，炎黃則是作為「入侵者」出現的。一般都認為苗族的祖先是蚩尤，這是因為「苗」的稱呼比較後起，而實際上苗族在未被命名為「苗」之前就有非常輝煌的歷史，它填補了炎黃譜系的空缺，完全移植進了華夏傳統中。後來才有蚩尤作為戰神的形象為炎黃子孫所崇奉，其實此時苗族的地位已經

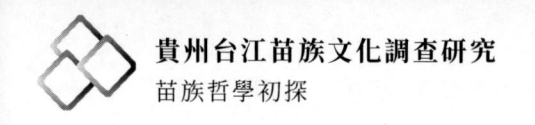

不如華夏，但是它的勇敢和威猛守護了中華文明，使得以華夏為主的中國傳統都不得不認可其地位。在戰爭頻發的原始時期，對力量性英雄的崇拜遠遠超過對德性英雄的推崇，可見苗族不容小覷。一般所認為的中國歷史經歷了三集團到東西格局再到南北格局的變化過程，是由東夷、苗蠻和華夏導致的，但實際上是因為譜系混亂的早期帝王關係導致了苗族特有的支系消融進了炎黃的支系，才會出現東夷和苗蠻之間巨大的差別，抑或是東夷和華夏巨大的對抗性。後人甚至有以「炎帝之後」「神農之臣」稱蚩尤的。實際上從文化的一致性來看，從被華夏移植的東夷文化中就能看出苗族的特徵，這說明苗族歸屬於蚩尤之前已經有非常豐富的歷史，而有關於太昊、少昊的歷史可以作為參照。作為五帝，太昊、少昊的地位與炎黃一樣高貴，一樣意味著天下共主，但是其根源則在於東夷，掩蓋的特點非常明顯。蚩尤的出現則是表明了苗族的再次興起，可見苗族的影響力是極其深遠持久的，此後華夏逐漸在中央形成了自己的傳統，不再像對太昊、少昊那樣需要直接挪用，苗族的文化便慢慢有了自己的名字，但是從兩者大處的一致性和小處的區別來看，所有的特點都可以在華夏文明中找到源頭。根據歷史的考證，也可以從苗族發展的軌跡中找到這一解釋的合理性。苗族屬於盤瓠集團，歷史上數次大遷徙是苗族歸屬混亂的主要原因，夏人居「中土」「中國」，夷、蠻、戎、狄處「四方」「四海」是我們區別部落的慣性思維，這其實是從夏商開始至春秋戰國時期，逐步形成的按地域和方位，對中土周邊民族和各族群、各部落集團的統稱，都主要是地域性的區分，而不是確切的民族稱謂，也並非指某個單一的族群或部落集團，通常都包括不同的族群和部落集團，而且隨時代變遷其組成又都會發生變化。本是同一個族群和部落集團，因處不同地域而出現不同的稱呼；不同的族群和部落集團由於生活在同一地域之內，而被冠以同一名稱。因而苗蠻作為對南方部族的稱呼，實際上不一定專指苗族，在這種思維方式下，苗族自北向南、從東到西，由東夷而南蠻、從蚩尤九黎到三苗、蠻荊的發展過程使得其在數次的遷徙中，在中國各地都留有痕跡，雲貴高原和西南各省可能是苗族的最終落腳地，遷徙的中介地區則是數不勝數，這意味著歷史上苗族理應有多個名稱，從苗族文化的深遠和苗族勢力的強大來看，

一、特殊的苗族：華夏文化變遷中的苗族

與華夏敵對的、名目繁多的部族很有可能多數都由苗族所扮演，因而苗族的遷徙正是造成中國歷史東西和南北格局的一個重要成因。

在歷史上，相比不斷遷徙的苗族，華夏中央的部落也是混亂非常，這也是由不斷的入侵所導致的，主導文明的中央民族實際上在不斷地更替，正如炎黃取代苗族一樣，認為所謂東夷、南蠻、北狄和西戎是野蠻落後的民族，而以天下中央為文明的象徵的思維方式也是在歷史中逐漸形成的，這就導致了華夏文明純粹性的變化，早期從苗族移植的文化思想的變形，由此既可以根據苗族的特點找出屬於苗族的哲學思想，也可能因為苗族和華夏思想同時進行的變化導致對苗族哲學研究的偏差。若按早期的東西南北中來劃分部落，炎黃屬於西部，並非中央，即便至春秋時，仍有姬姓的西戎活動於陝西，雖然與中央之帝同源，仍舊是一個為戎，一個為華夏。《山海經·大荒西經》記載：「有北狄之國。黃帝之孫曰始均，始均生北狄。」說明北狄之內，也包含有一支黃帝部落。舜部落和商人部落，本來都起於東夷，後居中土，成為華夏族的重要組成部分。秦人部落，先屬東夷，後居戎狄，再入中國，成為華夏族也是非常常見的現象。實際上苗族對「中」的控制早於中央思想之前，並不受後來西北入侵的影響。或者可以說苗族之所以被視為蠻族，是因為中央思想興起之後正是苗族衰落時期，又恰逢苗族遷徙至南蠻地區所導致的。如果拋開天下中央的思維看未被定型的早期歷史，就能發現中國文化中處處是苗族思想的經典，特別是在炎黃時期的歷史描述中，對太昊、少昊、蚩尤的記載很多，可以被認為是對苗族主導歷史的描述。雖然慣常認為太昊、少昊是東夷，蚩尤是苗蠻，但是分析苗族的遷徙路線可知，太昊、少昊、蚩尤應該是東夷內先後發展起來的不同部落集團的首領，而東夷和苗蠻的名稱只是在時期上的區別。因為不同時期部落的遷徙地區不同，從而有不同的名稱，但其強大的力量均對華夏部落構成威脅，其思想的一致性也得以保證。東夷包括的族群和部落成分相當複雜，其前後勢力消長和變遷很大，與華夏的融合也非常明顯。苗蠻則顯得較為簡單，這可能是西北主導華夏文明自覺發展的結果，苗族被邊緣化，被視為不受教化的民族。東夷人基本變為華夏人，這應該是東夷逐漸衰落的原因，但這不同於被華夏消滅，而是對華夏文明的融入，由此可以認為少數保持其獨特性的東夷，後被稱為苗蠻，蚩尤成為先

祖。東夷與苗蠻兩者之間存在的差距一部分是由華夏文明的發展導致的，而不是由苗族文化自己發展所導致的。這也是太昊、少昊被納入炎黃支系，而蚩尤則作為炎黃的對手出現的原因。東夷在炎黃時期興盛，而在堯舜禹時期，其中央的地位已經奠定。苗蠻在堯舜禹時期非常強大，卻也只能作為擾亂的根源而已，以至於此後的夏商時期，被稱為蠻荊、荊蠻。

從太昊、少昊、蚩尤時期入手，研究哲學思想最原始的部分就在於信仰，正如透過圖騰可以區分不同的部族一樣，圖騰是信仰的一種表現，比文字和儀式更為簡單，也更為接近原初，是哲學思想的根源所在。人和自然的接觸產生了對自然的疑問和對自然現象的解釋，這種解釋因為簡單的思維需要依賴想像直接找到一個答案，一個能夠解釋各種問題的答案，不需要再細分。而在所有的問題中特別重要的就是生命的源頭和歸宿以及生活的保障。在各個民族的答案中，總是有一個創世者同時身兼守護神，護佑該民族的生產和安寧。對於東夷與蚩尤之後的九黎，則是伏羲和女媧，漢晉以前的文獻史籍均可佐證。伏羲即太昊，這與苗族突出的祖先崇拜也是一致的，至今苗族還留存著各種祭祀祖先的活動，整個祭祀儀式需請苗巫主持，常在堂中設男女神像，即儺公、儺母，與伏羲、女媧相合。根據苗族的古老故事，則是洪水中的兄妹兩人作為儺公、儺婆的形象。男女共祭的方式在華夏傳統中並不多見，從母系氏族社會發展到父系氏族社會，伴隨著信仰對象的性別轉化，但往往是獨一性別，伏羲和女媧在華夏傳統中也被分割開祭祀，所以男女神像是非常鮮明的苗族特徵。苗族的傳統節日和習俗中，與婚戀相關的往往是以女性為主，例如姊妹節。苗族一直是一夫一妻制，遊方和對偶婚等婚俗中也表現出女性一貫的主動性，男女地位的平等超越華夏傳統也是從原始信仰中發展出來的精神特質。

二、巫術、儀式與苗族的哲學思維

哲學思想需要較為成熟的思維和豐富的文明，苗族是華夏文明的早期形態，儘管苗族的文明在當時要比炎黃更為先進，卻也沒有達到哲學的抽象高度。從某種角度來說，從中國哲學傳統中得出的苗族哲學並沒有純粹和完整

二、巫術、儀式與苗族的哲學思維

的哲學體系，而只有哲學意識的萌芽，而參照中國哲學在逐漸發展過程形成的核心思想，則又與苗族的源頭有很多差別，所以直接用同源性代替思想的一致性並不準確。但是在中國有確鑿可信歷史的最早王朝——商朝，充滿了東夷文化的氣質，而這種氣質直接影響了塑成禮樂文化的周朝文明。在中國哲學中，道家的天道觀首先在東夷文化中流行，楚國作為道家的發源地，則受苗蠻影響甚深。在中國哲學思想上占有重要地位的齊國則主要由東夷人和殷商遺民組成，東夷為齊國開放的政治、經濟、文化做出了巨大的貢獻，齊國的稷下學宮前後共存在145年，在齊國產生了中國歷史上真正的百家爭鳴。在稷下學宮最興盛的階段，彙集了來自四面八方的學士千餘人在這裡著書立說，其中有文字記載的就有宋鈃、孟子、荀子、孫武、孫臏、鄒衍、韓非、淳於髡等人。如果沒有將道、法、儒等諸學合一，如果沒有融合晉楚文化，中國哲學就無法形成自己的特點。東夷對待各種傳統的包容開放性就是苗族人處理人事關係的基本態度，也可以說形成了中國人的中央思想，畢竟只有位於中央，才有可能不偏不倚地接觸四方，這不僅僅是文明自尊的體現，也是對未知世界的善意。苗族人雖然東西南北地遷徙，但不影響其中央思想的發展。或許正是因為到處遷移，對天下有了更廣闊的認識，因而不管身處何處都能以此來感化其他傳統下的人，以此來保持頑強的生命力，這和中國傳統長久的歷史也是不可分割的，與天地和需要順天命，但更重要的是與人和，它也是天命中的一種。與自然不是鬥爭而是和平，與其他的傳統也是如此，人們常常為了保留自己的獨特性而敵視其他的傳統，但是苗族的經歷卻顯示了一種保存自己的更好方式——將自己開放，就是創造更多的可能性，而這種傳統是永遠不會被消滅的。

如果說苗族伏羲女媧的蛇身崇拜轉化為華夏傳統中的龍圖騰，其中有各種變異，就像東夷最後衰落了一樣，那麼東夷特別尊崇的鳥則直接透過鳳給華夏傳統留下印象。苗族的傳說和古歌中均記載著他們認為人及各種動物都是由神鳥孵化出來的，商朝的祖先也因「天命玄鳥，降而生商」。（《詩經·商頌·玄鳥》）與苗族有了最緊密的聯繫，充斥著商朝的是濃重的巫術和鬼神氣息，正如以巫術鬼神出名的苗族傳統一樣。苗醫也是源於巫術，巫是擔任上帝與下帝之間媒介任務的人。「巫彭作醫，巫鹹作筮」。（《呂氏春秋·審

分覽·勿躬》）商朝最有名的巫師是巫咸，是神權統治的代表人物，他不僅擅長占卜，發明筮卜，還能以巫祝之方法愈疾，反映當時巫術與醫道結合於一身的情況。《山海經·大荒西經》雲：「大荒之中……有靈山。巫咸，巫即、巫盼、巫彭、巫姑、巫真、巫禮、巫抵、巫謝、巫羅十巫，從此升降，百藥爰在。」十巫皆以藥聞名，足見巫與醫的深厚淵源。另《山海經海外西經》雲：「巫咸國在女醜北，右手操青蛇，左手操赤蛇，在登葆山，群巫所從上下也。」傳聞十巫皆操不死藥，對於人來說，生死最重要，對不死的執著追求使得人類不斷嘗試不同的方式達成永生，不管是對死後世界的構造，還是對生前世界的維護，都竭盡了人類最大的努力，至於持有不死藥的巫師，則是超能力的代表，蛇指向的是信仰，而苗族巫師先祖卻能左右持有青、赤兩蛇，意味著過去的巫師左右著兩個世界。疾病是導致死亡的最大因素，所有的占卜都繞不開生死，既然巫能解釋一切非正常現象，那麼疾病這類非正常現象也必然包含在內。早期人類習慣將大自然用人體相比，那麼醫就是縮小的巫，當巫在文明發展的過程中逐漸被祭祀所取代，從而地位下降時，醫成為巫的呈現方式，從利用無形的鬼靈到利用有形的萬物也是自然而然的，苗醫出名便是苗巫影響力持久的表現，在一般的醫術上加有「靈」的特點。

對於苗族來說，祖先祭祀中最為重要的就是鼓藏節，鼓理所當然的是鼓藏節的核心。「伏羲造琴瑟，女媧作笙簧，隨作竽笙，神農作琴作瑟，伶倫作律呂並首創磬，垂作鐘，巫咸作鼓，毋句作磬，舜作簫，夔作樂」。（《世本》）巫咸作為鼓的發明者，使得巫與苗族的關係更為密切。根據古歌中有關鼓藏節的記載，鼓代表著苗族人的源頭。傳說苗族人的母親是蝴蝶媽媽，蝴蝶媽媽生於楓樹的樹心中，以楓樹木作鼓象徵著蝴蝶媽媽出生的地方，象徵著苗族人的源頭，殺牛祭祀的習俗也是因為由蝴蝶媽媽所生的小牛惹蝴蝶媽媽生氣而來的。

每個民族都經歷過祖先崇拜，發展出各種信仰形式，但是鼓藏節作為祭祀祖先的儀式，與日常的家族祭祖儀式和其他民族現今傳承的祖先信仰有所差別。一般祭祖的儀式常以家庭為單位進行，並且在演化中祖先崇拜只是作為一個意象存在，例如在喪葬禮俗中對祖先的歸屬需要等，像鼓藏節那樣涉及血緣家族、宗族關係的界定，甚至是姻親集團界限的確認，如此大範圍長

時間，並且不關乎個人，而是直接指向先祖的儀式並不多見，可以說是祖先信仰非常完整的延續，因而在反映苗族群體態度上具有重要意義。中國哲學從起源上就重視部族的和諧，進一步轉化為對個體修養的追求，而祖先祭祀能夠保證部族和諧的合理性。苗族在這一點上呈現得更為原初和徹底，可以從存在於儀式之中的組織結構看出苗族社會組織的象徵。苗族是一個沒有祠堂、宗廟設置的民族，因而苗族的祖先崇拜是沒有祠堂、宗廟設置的祖先崇拜。但是苗族的祭祀活動非常頻繁，與漢人一樣，分為家庭內部的祭祀、墳墓的祭祀以及鼓藏節。在家庭內部的祭祀中，往往是每次就餐前將少許飯粒、酒等拋在地上，表示對祖宗的祭祀。不過嚴格來說，並不只對自己的祖先，既然萬物有靈，如此頻繁的供養指向的其實是一切的鬼神。苗族也在清明上墳祭祀，但是不像漢人那樣有墓碑和牌位，所以能夠祭祀永恆並且指向性明確的鼓藏節的重要性就更為突出了。鼓藏節時往往會共食內臟，代表血緣關係的內聚和統合，而組織節日的鼓藏頭則由苗族村落中建寨最早的家族所獨占，甚至可以說是由建寨始祖家族世襲，並且需要遵守諸多禁忌，以保證與先祖的可溝通性。由此可以看出，苗族和華夏各族在部族意識上是同源的，用鼓代替了宗廟和祠堂，反而使得部族不容易被分割，自然的村寨避免了人為因素對血緣氏族的變動和破壞。

三、鬼神、占卜與苗族的哲學觀

商朝遺留下的甲骨顯示了商朝人對占卜的熱愛，「國家大事，在祀與戎」。（《左傳·成公十三年》）「不問蒼生問鬼神」。商人尚鬼，凡事必先進行占卜才能做決定，這種占卜與後來的祭祀儀式有很多不同。祭祀儀式往往有固定的時間和地點，以及祭祀的對象，而且多與天地相關，帶有神聖性，但是占卜的隨意性很大，雖然也需要遵循一定的程序，但是並沒有像祭祀那樣有很多特殊要求。占卜相比神聖的祭祀，更多的是神秘性，與鬼神相連。商人對占卜的重視和依賴雖然可以歸結於對自然的畏懼和控制力的缺乏，但是相比於更早先的夏朝，商朝的巫文化有反常的興盛，畢竟以大禹治水來說，人的主動性就表現得非常明顯了，而根據此後中國哲學的發展來說，也是以強調人的重要性為主。商朝的鬼即人死後的形象，作為人只能接受巫師占卜

的擺佈，但是作為鬼則具有了控制人事的能力。因為占卜在商朝社會中的重要地位，巫師在政治結構中也就相當高貴了，而巫師的高貴性便在於能夠與鬼交流。「未知生，焉知死」。（《論語·先進》）「敬鬼神而遠之」。（《論語·雍也》）是儒家的基本態度，對生和現世的重視帶來對德性的要求，但是商朝則將死的地位抬得很高，從某種角度來說，是對生的有限性的超越。需要指出的是，甘願受占卜的擺佈並不完全意味著對主動性的放棄，而是說透過鬼的指引，能夠獲得更多的主動性。占卜沒有把自己交給天地，而是交給自己的同類，從延續性來說，既然是自己的先祖，那麼在將死看作另一種可能的情況下，鬼和人能夠作為生命的共同體。所有的鬼與人一樣，有七情六慾，而不是神化之後的形象。苗族人相信萬物有靈，也是這一共同體的反映，無形的鬼像人一樣真實地存在，有形的萬物也必然具有無形的靈。

苗族與華夏部落最明顯的區別在於鬼和神，神是純粹的，是淨化和昇華後的人性，作為一個群體的共同印記，需要統一性，例如統一化標準的德性，相似的聖王等，而鬼則是複雜的。苗族的鬼是帶有個性的人，無法用統一的標準規定，萬物有靈也就意味著靈的紛繁多樣。在巫文化的傳承下，苗族不僅在以醫術作為這種精神最實踐性的表達上，與華夏部族偏向政治建構有所區別，而且苗族人對死與生有著自己獨特的理解，在人生態度上和行為方式上的不同，造成了苗族和華夏部族之間很多習俗上的差別，例如與巫術文化相合的是歌舞，巫與舞不可分割，巫師多透過舞蹈達到與鬼交流的目的，夷「喜飲酒樂舞」。而苗族是一個以歌舞承載歷史的民族，古歌記載著苗族的起源和發展以及苗族各種知識文化禮俗，重大的節日都要男女共同舞蹈，從而形成了獨具特色的民族舞蹈。華夏人則習慣於用筆來記錄歷史，重要的祭祀還會齋戒，以歌舞為不鄭重的表現形式。相比令人迷狂的酒，則更青睞讓人清醒的茶，如此等等，還有服飾和飲食習慣都所有體現，這不僅僅是地域氣候的影響。但是在對世界本源的探尋上，苗族與以「一」為萬物本源的道家解釋卻表現出很大的相似度。苗族人在解釋世界的形成時同樣有將其化為一的執念，「千萬事物同一理，事物生成共源根」。[1]是苗族人對世界的基本看法，所以即便在由一至三的思想發展中，都與中國哲學保持一致。

三、鬼神、占卜與苗族的哲學觀

　　首先是霧的概念，苗族古歌《開天闢地歌》中稱「雲霧生最早，雲霧算是老」。中國哲學中把「氣」作為物質的根據，苗族人將「霧」作為物質的根據，「氣若煙雲」則說明了兩者間的相似性。不過氣與霧雖然相似，但是「氣」是更清的，「霧」則是更濁的，神與鬼的區別也是如此。或者說將「霧」類比為道更為恰當，道以混沌為特徵，霧很好地對應了「忽兮恍兮，其中有像；恍兮忽兮，其中有物；窈兮冥兮，其中有精；其精甚真，其中有信」（《道德經》第二十一章）的描述，這意味著苗族對世界生成的解釋已經接近了哲學抽象高度，而不是停留在以具體的形象作為世界根源的層次。不過與中國哲學不同的是，「仡索才來造生命，陸地水域有生物存。先起苔蘚生魚蝦，後有蛆蟲蛇蟒鳥雀虎狼，接著才有猿猴類人猿，最後才育原始人……人用腦想用手做，從古代直到如今，歸他來掌管乾坤」。苗族人認為萬物的生成順序是水霧、天地、植物、動物，最後為人類，中國哲學中往往將人與天地並立，並不會將人排在植物動物之後，由此並沒有萬物有靈的觀念，取而代之的是對人性的高貴的強調。在道德上，人性必然是最重要的，但是在巫術上，靈則是最重要的。前者重人，後者重自然，而在自然的意義上，苗族人的描述似乎更為科學一些。

　　與中國哲學以動為道的基本存在方式一樣，對於苗族人來說，世界並非靜止的，而是向著好的方向生化的，在這種動態過程中，「一」逐漸變為「三」。苗族人將變動的原因歸納為，「頭等重要搜媚若，第二是各薄港搜，第三是瑪汝務翠，三樣缺一不得生。生成相資雙有利，相制牽掣得平衡。相征我求彼有應，相奪我好彼有損。優劣相鬥有勝負，生成難全古到今。增多變好無窮盡，人類前途最光明。這是阿濮樸僅對掌管乾坤人的教育，苗族人民從古代沿襲相傳直到如今」。搜媚若為質料，各薄港搜是能量，瑪汝務翠則是結構。相比「霧」來說，把萬物分為質料、能量和結構的共同體更為嚴謹，體現了苗族人在不斷認識世界的過程中逐漸清晰起來。與混沌和霧類似，「三」這個數字在中國哲學中的意義也是非同尋常的，「道生一，一生二，二生三，三生萬物」。（《道德經》第四十二章）「數始於一，終於十，成於三」。（《史記·律書》）至「三」才有可能生出萬物是因為一切都是陰陽和合而成的，也就是說三不是具體的事物，而是一種狀態。如果把瑪汝務翠

也看作是一種狀態，而不是一個名詞，那麼在苗族人的眼中，結構意味著萬物由質料和能量結合而成。陰陽三合的關鍵在於陰能成物，陽能生物，天能養物，而苗族在論「生」和「成」的時候也有明確的區分。「什麼是生？什麼是成？生是剛才發生，成是生成存在。生是生化動機，成是達到目的。無生無成，無成無生」。生成不可分，陰陽不可分，「天氣化成搜媚若，地氣化成各薄港搜」。搜媚若和薄港搜類比陽陰，首要的是有質料，再透過能量結合成事物。「夫形者，生之舍也；氣者，生之充也；神者，生之制也。一失位，則三者傷矣」。(《淮南子·原道訓》) 就好像先有形再有神才是一個完整的人一樣，對存在問題的解答，就是生和成不可分離，意味著「三」的狀態的不可或缺。而對時間問題的解答也包含其中。「有生有成嗎？許多事物得生存。生存又會發生，發生又會生存。慢慢相隨向前去，增多變好無窮盡」。時間與存在是不可分離的，生成可以概括為一個具體存在，但是道超越於時間之外，正如人不可能僅僅滿足生而不好奇死一樣，道的運作方式才是人在生成問題上的終極追求。根據古歌的描述，苗族人認為生成不可分意味著存在是可能的，至於道，則是無生無成的。生與成的接續是無限的，只有當生和成都取消的時候，這個接續才能停止。而對於霧來說，這個停止不會令其消亡，因為它不是由搜媚若和薄港搜和合而來，只有依賴於搜媚若、薄港搜才能實現這種接續。既然無生無成，那麼時間的本體就不是線性的延展，而是自體的循環。它不展開，因而如同一團霧一樣恍惚不可看清。

四、苗族哲學的基本特色

從歷史上苗族與華夏之間在文化上不可分割的關係可見，在哲學思想上兩者保有很高的相似度，兩者之間的差異則多在習俗上。哲學的發展需要不斷地抽象，文字的記錄相比於歌舞來說更為有效，它使得中國哲學獲得了足夠的發展空間，而苗族後期的哲學思想卻發展得極為緩慢且不成體系。假如苗族的哲學思想和華夏文明一樣發展下去，應該會呈現出一個怎樣的形態？或許苗族對巫文化的執著會使得苗族的哲學更為神秘，對生死的濃厚興趣也會使得苗族在對霧的理解上達到新的高度。

雖然苗族是一個開放和諧的民族，但是它對鼓藏節這一古老祭祖禮儀的傳承則很好地維持了部族內部的穩定。苗醫延續苗巫，不僅僅從質料上研究人體，還透過與道相通的各薄港搜和瑪汝務翠來理解疾病的發生，找到人和萬物之間的和諧一致性，從而將人體的各種狀態理解為生與成的接續而已。

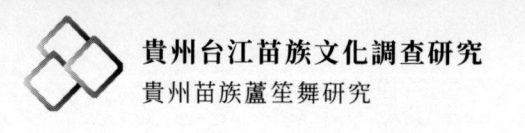

貴州苗族蘆笙舞研究

劉思怡

　　摘要：蘆笙舞是苗族的傳統舞蹈，其主要的動作特徵是一邊吹蘆笙一邊配合胯部、膝部、踝部的靈活扭動為動力，以走、踢、跨、轉為基本動作。它經過了千年的流傳，有著非常深厚的文化內涵。蘆笙舞運用於苗族的祭祀、生產、婚喪等各個方面，它深入苗族人民的生產與生活，是中國民族民間藝術寶庫中不可多得的一件瑰寶。新時代背景下，我們應弘揚蘆笙舞中的苗族傳統與文化核心，使苗族蘆笙舞得以保護和傳承。

　　關鍵詞：蘆笙舞；苗族；文化傳承

　　苗族是一個能歌善舞的民族，在貴州省的苗族民間，流行的舞蹈不僅有木鼓舞、銅鼓舞、板凳舞等，其中，蘆笙舞作為苗族的文化名片亦是最為尋常與普遍。在貴州各地少數民族居住的村寨，素有「蘆笙之鄉」「歌舞之鄉」的稱譽。

　　苗家人愛好吹蘆笙，並且每每吹奏蘆笙之時必會跳起蘆笙舞，因而有「聽見蘆笙響，腳底板就癢」的俗語。蘆笙舞是苗族最有代表性的舞蹈，也是苗族人民最喜愛的民間舞蹈，楊升庵著的《南詔野史》中便有「每孟歲跳月，男吹蘆笙，女振鈴合唱，並肩舞蹈，終日不倦」的記載。在貴州的丹寨、臺江、雷山、凱里、谷隴等地，每逢重要的節慶與日子，人們都會舉辦各種形式的蘆笙舞會。蘆笙舞作為一種傳統而古老的歌舞形式，起著連接天地、溝通情感、表達生活的意義與作用。

一、蘆笙的起源

　　蘆笙的歷史，源遠流長，最早可以追溯到先秦時期，在中國最早的詩歌總集《詩經》中就有「鼓瑟吹笙，吹笙鼓簧」的詩句出現，詩中所言之「笙」，據考證便是今天的笙類樂器，所言之「簧」便是「笙」中的一種銅片，笙因鼓吹簧片使之振動而發聲。且據考古發現，江川李家山出土的兩件戰國時期

貴州台江苗族文化調查研究
貴州苗族蘆笙舞研究

的葫蘆笙，是中國最早的笙類樂器之一。據《苗族簡史》記載：「湖北隨縣曾侯乙墓出土的文物中有笙，經專家鑒定是公元前的成品，其形式、構造與現在苗族的蘆笙相同。當時湖北苗族不少，看來有淵源關係。」郭沫若先生在《今昔集·釣魚城訪古》一書中也曾斷言道：「（笙之類樂器）據我看來起源於苗族，苗民間均備有蘆笙。」由此看來，蘆笙源於古代苗族先民的這種說法是有一定的依據的。由於苗族歷史上的不斷遷徙而形成了蘆笙的文化體系，並在苗文化中占了主導地位。如今通常都認為，苗族蘆笙至少已有兩千年到三千年的歷史了，而由蘆笙導引出來的蘆笙舞至少也有兩千年的歷史了。

蘆笙舞苗語稱「Zuk gix」。蘆笙舞是苗族人民祭祖或節日、喜慶的主要舞蹈之一。但由於歷史原因，有相當一部分苗族村寨已失傳，這種文化流失的現象令人扼腕。貴州省現尚保存蘆笙舞蹈較好的有交下、巫忙、黨道、南宮、反排、番召、革東、寶貢、臺盤等村莊。

在苗族流傳著非常多的神話故事，其中就有不少關於蘆笙的故事。但由於苗族自古以來便沒有文字記載，因而千百年來都是靠口耳相傳的方式將歷史故事流傳下去，因此關於蘆笙的起源便有多個不同的版本。在貴州省臺江縣的苗族村寨，苗家人認為蘆笙是始祖母創造出來的，象徵苗家人的母親，它的聲音也就是母親的聲音，而蘆笙和蘆笙舞的創造與起源，傳說均與女性有關。

關於蘆笙的起源，相傳遠古時雷公山腳下有一位貌美的苗家姑娘，有一天被一只野雞精劫入洞穴中，苗家姑娘被困洞穴之際聽見洞外有竹管聲，便以口哨聲和之。最後，在洞外吹竹管的男子尋著口哨聲進入洞內，並將竹管交給女孩，教她吹奏以娛騙野雞精，而男子則在一旁伺機將野雞精殺死，而這根救了女孩性命的竹管也就被製成了蘆笙。另外還有「吹奏神曲引誘太陽和月亮出來」「吹蘆笙呼喚親友來救命」等關於蘆笙的傳說。

關於蘆笙舞的起源，有一則神話是這樣說的，這個故事頗有些類似中原「后羿射日」的神話傳說：在遠古時代，天上一共有十二個太陽和十二個月亮，因而白天十分炎熱，晚上又十分寒冷，在這樣的天氣之下人類無法生存下去，這時候出現了一位巨人，他抽出「神箭」，射落了十一個太陽和十一個月亮

以後，剩下的一個太陽和一個月亮，由於害怕而遠遠地躲在天邊，不敢出頭露面，致使天昏地暗，人類仍然沒法生產生活。於是，大家便想方設法製成各種「神笛」，吹出各種「神曲」，試圖將太陽和月亮引誘出來，最終太陽和月亮被引誘出來了，照亮了大地，人類始得安心生產生活，因而人人歡呼，個個歡跳。後來，隨著時間的推移，當年苗族人民為引太陽月亮出來而製造的「神笛」、吹奏的「神曲」和作為慶祝的「歡跳」，便逐步演變為流行於黔東南地區的蘆笙、蘆笙曲和蘆笙舞。

二、蘆笙和蘆笙舞的種類

（一）蘆笙的種類

貴州民間傳統的樂器有蘆笙、木鼓、皮鼓、銅鼓和木葉等。蘆笙由笙鬥、笙管、簧片和共鳴管構成，按照長度和大小分為大、中、小和特大幾種型號。蘆笙按音調高低分為輕音蘆笙和重音蘆笙兩種，其調式為「561235」和「612356」，重音蘆笙的曲調深沉而洪亮，輕音蘆笙則輕盈而高亢。而蘆笙的組成形式有獨笙、姊妹笙和排笙三種。

蘆笙舞在苗族社會中是最群眾化的一種舞蹈，在祭祖節時，也跳蘆笙舞以娛樂祖先。蘆笙舞各地有各地的舞曲和舞步。

蘆笙舞從功能上可分為祭祖、慶典、娛樂與友誼等。祭祖、慶典等莊重嚴肅，規模也更為盛大，用大號和中號蘆笙。而娛樂、友誼等種類的蘆笙舞輕快活潑，可用中號或小號蘆笙。

蘆笙舞的舞蹈形式由群舞、集體舞到雙人或單人舞，體現出苗族人民的各種生活與文化形態。蘆笙演奏與舞蹈的形式可分為笙伴舞、笙領舞與笙自舞等，動作表現或莊重肅穆，或節奏緊湊，或輕鬆明快，或活躍敏捷，這些都因場所與適用的不同而有異。

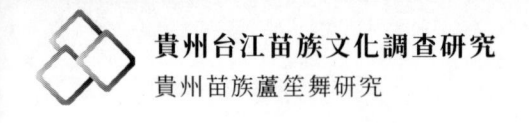

（二）蘆笙舞的種類

1. 群體性蘆笙舞

群體性的蘆笙舞在苗語中叫「究給」。群體性的蘆笙舞不限人數，並且動作較為簡單。這是非技巧性的蘆笙舞，沒有複雜的高難度的動作，因而男女老少都可以參加。例如流行於黔東南地區的「對蘆笙舞」，無論男女老幼，都可以隨意自由組合，大家手拉著手圍成一個圓圈，在蘆笙的伴奏下，跳著統一的、快慢有序的舞步。有時是大家一起手拉著手，一邊緩慢地沿著一個方向轉圈，一邊向前踢腿。有時是大家一起向圓圈中心跳躍、移動。有時隊伍也會排成彎彎曲曲的長龍，大家互相之間靠得很近，邊跳著輕快的舞步邊互相友好地碰撞，十分有趣，每個人臉上都洋溢著爽朗開懷的笑容，整個場面非常融洽且輕鬆。這種群體性的蘆笙舞適用的場合也比較隨意、廣泛。

圖 1　蘆笙舞

2. 風俗性蘆笙舞

風俗性蘆笙舞是反映青年男女愛情生活的一種群舞形式。這種舞蹈也只有未婚男女青年參加。一般來說，蘆笙很少作為愛情信物，也很少扮演愛情角色，它通常是作為凝聚力和號召力將苗族的心連在一起。但是在風俗性蘆笙舞中，蘆笙卻成了溝通男女情感的橋樑。當苗家青年們試圖邀約姑娘時，

二、蘆笙和蘆笙舞的種類

蘆笙便是月老與紅娘，而當他們想要對心愛女子傾吐愛慕之情的時候，蘆笙曲又成了一種美妙動人的語言以及情話。《黔南識圖》中有「擇平壤為月場，男女皆艷服，吹蘆笙，踏歌跳舞」的記載，描寫的正是「踩堂舞」的情形。每當跳起「踩堂舞」的時候，苗族的男青年們便會盡顯平生之技，以博取姑娘們的芳心；而姑娘們也會隨著蘆笙之音翩翩起舞，一邊跳舞一邊留心自己的意中人。

男子吹蘆笙，女子跳蘆笙舞，是苗、侗民族自古以來的傳統習俗，但只有在貴州地區，絲毫不遜色於苗家男子的苗家女子，在「踩堂舞」中也會抱著蘆笙邊吹邊翩翩起舞。

筆者有幸觀賞過貴州臺江縣反排村當地的蘆笙舞，其中的「踩堂舞」便是男女均抱著蘆笙、芒筒，邊吹奏邊起舞。當地男子吹蘆笙，而女子吹芒筒。芒筒用又大又老的竹子做成。將多管組為一體，用一管吹奏，共鳴筒銅製、橫式，以活塞控制氣箱。繫帶掛於右肩，站、走、跳均可演奏。芒筒較之蘆笙，音色較為低沉、雄渾，且長度更短，不需要太大的肺活量，更適合女子吹奏。而當地苗寨的小孩們，從三五歲開始便學習吹蘆笙。而蘆笙吹得好不好，蘆笙舞跳得好不好，也成為衡量苗族男子的標準之一。

圖2　對蘆笙舞

貴州台江苗族文化調查研究
貴州苗族蘆笙舞研究

在苗族青年男女中，每逢年節舉行「踩堂」時，苗家的青年男子們便會組成蘆笙隊，人人抱著蘆笙，一邊吹奏一邊跳著輕快的舞步踏歌而來。高亢清脆的蘆笙調和著雄渾低沉的低音芒筒，樂曲更顯雄厚、和諧。緊接蘆笙手之後的是一群年輕靚麗的苗家女子，她們身著美麗的銀飾，將最繁複、最精妙絕倫的銀帽、銀簪、銀項圈、銀手鐲等飾物都佩戴在身上。她們甩著手跳躍著，身上的掛飾叮噹作響，與蘆笙曲雜糅成一片，靈動又美妙。

《踩堂調》等多種樂曲吹到一半便轉入激動人心的《討花帶》曲調。「討花帶」，顧名思義，便是年輕的苗家小夥子企圖用自己靈活輕快的舞步求得代表著苗家姑娘的愛慕之情的「繡帶」。因此這個時候，各個苗家小夥子都會使盡自己的渾身解數，表演各種各樣的技巧超群、精妙絕倫的舞步，比如模仿飛鳥頻頻點頭的模樣在自己心愛的姑娘身邊圍繞打轉以求得心儀女子的青睞。而這個時候，苗家姑娘們便會透過各個苗家小夥在舞步上的表現來選擇心上人。在苗寨，女子在戀愛中一直是掌握主動權的，這是因為苗族一直以來都有著女性崇拜、生殖崇拜的傳統，在日常生活中，也是苗家女子承擔了大量的農業生產活動與手工業生產活動。她們若有看中的苗家男子，便會將自己一早準備好的繡帶繫在該男子的蘆笙上，以表示自己對該男子的愛慕。受歡迎的苗家小夥的蘆笙上有可能會繫著多條繡帶，在一個蘆笙上能同時掛著多條繡帶，對於每位蘆笙手來說，是非常值得自豪的一件事情。而也有不如意的小夥子，到最後蘆笙上可能一條繡帶也沒有。

這是在貴州臺江當地的「踩堂舞」的習俗。而在貴陽的花溪地區，苗家女子向男子表達愛意的方式則是在集體舞結束之後，女孩手捧深色布帶，向心上人走去，並將深色布帶繫在心上人的腰間，牽著心愛的男子一起跳舞，這一舉動被稱作「牽羊」。《貴州通志》就有「春初或秋後的節假之日，苗族男女青年集於舞場，男吹笙於前以為導，女振銀鈴以應之。兩相諧者，則目成心許矣。十三日跳畢，男吹笙於前，女牽花帶從之，繞場三匝，相攜而去」的記載。有時一個苗家男子的腰間會繫著好幾條布帶，而他的身後會站著好幾位姑娘，造型宛若孔雀開屏。當然，亦有身後空無一人的男子。不過結局無論如何也都無需太過掛懷，苗家的青年們向來都直爽熱情，沒有那麼多彎彎繞繞的心思，對待愛情的觀念也十分開放大方。

3. 表演性蘆笙舞

這種類型的蘆笙舞最富有技巧性以及競技性，表演者多為苗家的青年男子，並且多在節日或祭祀時舉行。這一類的舞要求的技巧性很高，動作難度大，節奏強烈，曲調明快。一般由各個苗寨選派村子裡最擅長跳舞的幾位年輕男子參加比賽。比賽時或為一人獨舞，或者兩人一組，邊吹蘆笙邊跳蘆笙舞。因地域差異，貴州各地的苗寨在表演內容上也有差異，比如黔西地區最具代表性的蘆笙舞是「蚯蚓滾沙」和「滾山珠」，而黔東南地區則是以「牛打架」「鬥雞」聞名。黔西的表演性蘆笙舞表演難度大，而黔東南地區的表演性蘆笙舞則是以模仿動物，十分生動詼諧見長。至於為何模仿的是「雞」和「牛」這樣的動物，則與當地苗寨的圖騰信仰有關。苗族一直以來都是以農業生產為主，且生產力水平落後，因而水牛在他們的農業勞動中造成了非常重要的作用，充當了農業生產活動中的主要勞動力。且牛忠厚、勤勞，因而水牛角被苗族人民視為友誼和睦、相親相愛的象徵，同時也被視為後生家的化身，並有以水牛角裝酒敬客人的習俗，而苗寨的吊腳樓建築，其飛檐翹起部分也是取牛角之形。

貴州的苗族人民除崇拜水牛外，還崇拜錦雞，「錦雞舞」便是貴州苗族非常有名的一種蘆笙舞，是苗族人民每十二年舉行一次的祭祖活動中的主要的舞蹈形式。苗族人民之所以崇拜錦雞，是因為傳說在苗族先祖遷徙的過程中，是美麗可愛的錦雞們帶領他們找到了最後定居的地方，並且是錦雞給先祖們帶來了稻米種子，幫助他們度過饑荒，所以錦雞就成了他們崇拜和感激的動物。跳「錦雞舞」時，腿上動作多、上肢動作少，以腰、膝的自然搖動為舞蹈的基本特點，事實上這也是苗族舞蹈共同的特點；雙腳按蘆笙曲調節奏變換出優美姿勢，雙手垂在身側向外自然搖擺，加上婦女頭上的錦雞銀飾躍躍欲飛，動作酷似錦雞在行樂覓食。「錦雞舞」中的舞蹈動作模仿是對自然界動物崇拜的直接體現。苗族人民相信萬物有靈，自然崇拜直接體現了苗族先民的精神層面的內容，他們的狩獵、戰爭、生活，以及對自然界動植物的崇拜，都體現了其適應自然、改造自然的頑強精神和功利性價值取向。

圖 3　牛角酒樽與牛角屋簷

三、蘆笙舞的舞步特點

1. 圓圈式

　　苗族蘆笙舞以走、踢、跨、轉為基本動作，附以腳尖、膝、胯三個關節上和雙手擺動於一體。在跳群體舞的時候，舞蹈的表現形式多為圓圈式，即眾人圍成一個大圓圈或小圓圈，或順著同一個方向邊跳邊或疾或徐地移動，或一起拉著手向圓圈的中心點移動。圍成圓形的隊形能給觀者一種視覺上的享受，而對於舞者自身而言，這種隊形也使舞蹈更為整齊，同時也能使舞者看到每一個參與者的表情，如此便使每一個參與者更加心意相通，整個舞蹈氛圍也更加和諧、融洽。

　　曹維瓊等在《圖像人類學視野中的貴州苗族舞蹈》中也曾提到過：「苗族的圈舞從古至今，苗族的圈舞旋轉不止，圈舞在旋轉中凝聚力量，在旋轉中獲得新生，在旋轉中集聚民族精神，在旋轉中形成無比強大的民族力量。」這種週而復始的圈舞在苗族人民的眼中，也有著一種強大的神秘力量。

2. 模擬式

　　黔東南地區以模擬式的蘆笙舞見長。模擬式的蘆笙舞最大的特點便是生動，每一個肢體語言都非常形象。模擬式的舞蹈十分具有觀賞性，因與其模擬的對像有十分重要的對應關係，無論是精準的模擬還是誇張的放大，都能使人感到靈動詼諧，精妙絕倫。這種模擬式的舞蹈還十分注重情感的抒發，透過每一個充滿節律的動作來宣洩和釋放內心熱烈的感情，從而達到洗滌和排解心靈的效果。

　　模仿式的蘆笙舞還有一個特點，那便是充滿技巧，動作複雜。貴州苗族蘆笙舞的基本動作是以腳的動作為主，活動多在腳尖、膝、胯三個關節上，雙手隨身體的擺動左右旋轉。而稍微複雜一點的則「走（蹲走、跪走、立走）、踢（蹲踢、走踢）、跨（單腿跨、雙腿跨）、轉（蹲轉、旋轉）、立（肩倒立、肩臂倒立、倒掛）、翻（前翻、後翻、側身翻）、別（單腳左別右別、雙腳交叉別）、勾（前勾、後勾）」等多個動作並用。除此之外，還有「滾、爬、跪、跳、旋」等操練性動作，這些動作都普遍地運用於模仿式的舞蹈中，舞姿驚險而優美，將蘆笙舞所要表達的故事情節以及人物情感表現得淋漓盡致。

3.「順邊」式

　　「順邊」，說通俗一點便是「順拐」，即跳舞時同手同腳。貴州省臺江地區的蘆笙舞就有著自己典型的「一順邊」動律，它的舞蹈動作是「以腰為軸轉動發力，同邊順拐，橫走側翻。並伴隨手臂和胯部大幅度的甩動」。這一類舞蹈的主要部位也集中在腿部，下身動作則變化豐富。需要舞者大力扭動自己的胯部，同時將上身與手臂甩起來，動作幅度非常大。「順邊」在我們日常生活中看起來會十分滑稽與不協調，然而運用於苗族的舞蹈中卻有一種獨特的美感。這種舞步的形成與貴州苗族人民所處的生態環境有關。貴州苗族人民久居高山上，在上下山運送物品的時候需要保持平衡，由此而造成了「同邊」感的步態。

　　如苗族蘆笙舞中非常有名的「滾山珠」，是集蘆笙吹奏、舞蹈表演、雜技藝術為一體的苗族民間舞蹈。「滾山珠」源於祖先祭祀和喪葬儀式，如今

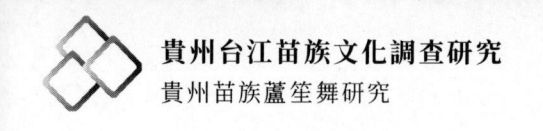

的苗族一到祭祀的場合也會跳起這支舞。這其中便有大量的旋轉和翻跨動作，都是靠身體同邊甩動來完成的。迴旋式「一順邊」的舞蹈動作是苗族舞蹈文化中特色的身體語言，它自然地融合在苗族舞蹈的動作和舞姿當中，形成了一種別緻的舞蹈美。

四、蘆笙舞的藝術特點

1. 具有濃厚的宗教色彩

蘆笙舞在最開始是為了祭祀神靈才興起的，到了後來隨著經濟的發展、生產力水平的提高，才逐漸發展出娛樂性質和民俗性質的蘆笙舞。人類在誕生初期，深刻感知到了大自然的瞬息萬變與神秘莫測，深刻意識到自己在大自然面前是多麼渺小，他們對許多危及自身的災害都無法抗拒也無法解釋，因而他們敬畏自然，亦試圖透過祭祀的方式，事神以致福。不管是中原大地還是其他少數民族均是如此。

祭祀類的蘆笙舞都非常莊嚴肅穆，場面宏大。祭祀性的蘆笙舞比起風俗性與競技性的蘆笙舞，更缺乏自由性，它有著許許多多的規定。比如在舉行祭祀時，任何人都應莊重嚴肅，不應嬉皮笑臉，胡亂言語。每年春節之後，播種之前，為了祈求該年的風調雨順，便會舉行祭祀性質的蘆笙舞，但這個時候是不許吹奏蘆笙的。並且在祭祀龍神、祭祀祖先、立新房、踩屋、喪葬禮儀等場合，多以男子雙人蘆笙舞來表現。

2. 充滿戰鬥與勞動氣息

苗族是一個驍勇善戰又踏實勤勞的民族。苗族在歷史上曾經發生過很多次戰爭和遷徙，因而衍生出了許多的「遷徙舞」以及「搏鬥舞」，貴州便有大量反映民族戰爭史、民族遷徙史的蘆笙舞。這些蘆笙舞戰鬥氣氛強烈，舞步矯健有力，動作敏捷，故事情節曲折，人物形象鮮明。這些舞蹈在反映苗族的民族歷史的同時，也體現了苗族人民深厚的民族情感，他們相互扶持、相互救濟、親密團結、生死與共、不畏艱難、勇奪勝利。

貴州苗族多居住在偏遠的山區，以農耕為主要的生產方式，因此形成了許多與農耕生活息息相關的民族傳統節日。比如剛開始插秧的時候有「秧門節」，打穀子的時候有「吃新節」，在春耕結束之後，耕牛可以休息了，於是又有了「鬥牛節」。每到這些節日的時候，苗族人民都會歡聚在一起，手之舞之，足之蹈之，吹著動聽的蘆笙曲，跳著歡快的蘆笙舞，一起慶祝這些美好的節日。

3. 歡快的生活情趣

　　苗族是一個充滿歡聲笑語的民族，是一個幸福指數很高的民族。儘管他們的生活水平不高，但是他們的臉上始終洋溢著笑容。不管是群體性的蘆笙舞還是風俗性的蘆笙舞，都能反映出他們日常歡快的生活情趣。跳舞時他們手拉著手翩翩起舞，或瀟灑緩和，或熱情奔放，友愛又團結，一派其樂融融。正如他們平時生活中那樣：一家有困難，全村一起幫忙；一家有喜事，全村一起祝賀。他們樸實真誠，他們以舞傳情，以情育德。每當他們跳起歡快的蘆笙舞時，舞者歡快灑脫，而觀者也會感到親切和愉悅。而風俗性的蘆笙舞，則表現出青年男女之間含情脈脈又落落大方的美好情操，令人動容與讚賞。

五、蘆笙舞的價值

　　苗族的蘆笙舞與苗族的物質文明以及精神文明緊密相連。苗族雖然沒有文字，然而植根於苗家人民生活中的蘆笙舞，經過了上千年的流傳與演變，至今仍流傳在貴州各地苗族人民的生活中。蘆笙舞作為苗族民族文化的載體，伴隨著苗族人民幾千年的繁衍和發展，蘊涵著苗族人民千百年來的民族精神、價值取向以及審美情趣。同時它還給苗族人民、苗族社會帶來了無限的生機與活力。

1. 促進苗族人民身心健康

　　正如同古代中原地區以六藝中的「射」和「御」為強身健體並考察男子的標準一樣，在貴州苗族，蘆笙舞跳得好不好也是衡量苗族人民身心素質的標準之一。

苗族人民在生活和勞動之餘，為了滿足文化娛樂的發展需要，而衍生出了蘆笙舞——這種科學健康的娛樂健身方式。他們透過唱歌跳舞的方式而達到自娛以及強身健體的效果。群體性蘆笙舞簡單易學，人人都可參與，使參與者在適宜的時間和強度下，得到全面健康的發展。苗族人民從小生長在這樣的環境之中，日常生活中的生產與勞動、日常生活之餘的跳舞與歡慶，使得苗族人民擁有巨大的肺活量、強健的身體與強大的信念。而蘊含著豐富技巧性和藝術性的蘆笙舞，在鍛鍊身體的同時還能宣洩和表達內心的情感，使舞者感受生活的美好，享受跳蘆笙舞帶來的歡樂。在歡慶的同時運動，在運動的同時放鬆，蘆笙舞給苗族人民帶來的不僅僅是身體上的強健，同時還有心靈上的洗滌與舒暢。

2. 促進苗族文化的傳承

苗族的蘆笙舞對於苗族人民而言，不僅僅是一項身體活動，它超越了文化傳統、語言以及宗教信仰等非固定模式，它凝聚著整個苗族的精神、智慧、信仰、價值取向。它靠著代代口傳身授流傳至今，它體現著整個苗族千年以來的歷史發展軌跡。蘆笙舞，是維繫苗族存在的一條紐帶與生命線，是苗族發展壯大的源泉，同時，它還是促進苗族與漢族及其他民族之間交往與交流的文化媒介。對內，它促進了苗族內部人民的交流與團結；對外，它使得其他民族加深了對於苗族文化的理解，並且受到了各國人民的認同和讚賞。

六、蘆笙舞的發展現狀與當代傳承

在經濟高速發展的今天，不僅僅是苗族，其他許多少數民族都或多或少漸漸地被現代化。而蘆笙舞作為苗族的一種流傳千年的民族民俗傳統文化，也正在面臨日漸流失的危險。

過去苗族的人民將蘆笙舞視作一種相互交流、溝通情感的方式，而如今電腦、電話等各種高科技的交流、交通設備已經漸漸進入苗族人民的生活。現在苗族的青年們也更傾向於用現代的通信設備來進行相互之間的情感溝通與人際交往。筆者曾去過貴州省臺江縣的反排村進行調研，那裡的苗族文化

六、蘆笙舞的發展現狀與當代傳承

保存得相對完好，蘆笙舞也傳承至今。但是筆者瞭解到，當地的苗族青年們留在村子裡的非常少，許多苗家青年們都去往了大城市工作，村子裡最多的便是留守的老人與兒童，苗家的姑娘們也是嫁出去的多，娶進來的少。這樣的一種變化使得苗族人民或多或少地逐漸淡化了對傳統技藝的重視與學習，使得苗族青年們對於學習蘆笙舞的積極性日益消退和萎縮，這些都使得蘆笙舞的傳承陷入了一個進退維谷的境地，並且造成了傳與承、老與少之間的斷層。

蘆笙舞是苗族也是中國民間藝術寶庫中珍貴的藝術珍寶，它的流失對於苗族、對於中國，甚至對於世界都是一件非常令人扼腕的事情。蘆笙舞應該得到重視，應當將其繼續傳承下去。

首先，是苗族內部應該對其加強重視。苗族的青年、幼童都應積極地參與蘆笙舞的學習，並將其運用於日常生活當中。目前在貴州的部分苗族地區，蘆笙舞就被作為高等教育的體育活動內容，這種方式使得傳統文化與現代教學得以有機結合，在提高學生身體素質的同時，又使得傳統蘆笙文化的傳承得到保障，這是蘆笙舞走進現代教學重要的一步。

其次，在保住蘆笙舞的「根」的同時，還要讓它走出去。臺江縣反排村的反派木鼓舞就是一個宣傳十分成功的例子。1990年，反排木鼓舞表演隊到中南海演出，受到黨和國家領導人的稱讚，後到英、美、加、意等多個國家和地區演出，被譽為「東方迪斯科」而聞名遐邇，響滿海內外。蘆笙舞也應該走出苗寨，走向全國，走向國際。

最後，還應運用各種手段來進行宣傳與傳播。例如，可以透過拍攝蘆笙舞的紀錄片以及建設蘆笙博物館，讓更多人能夠更加全面地瞭解蘆笙舞，感知蘆笙舞所蘊含的無盡魅力，以達到弘揚苗族傳統文化的目的。甚至可以在國內各個城市組織成立蘆笙舞藝術學習班，擴大蘆笙文化學習的範圍，給蘆笙文化學習創造更多的平臺與機會。此外，還要注重對於蘆笙及蘆笙舞人才的培養，注重以人為載體的蘆笙舞知識技能的傳授。

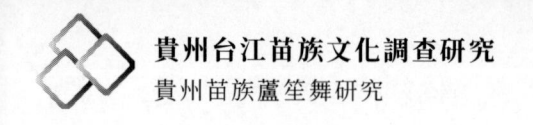

七、結語

　　苗族是中國古老的民族之一，這個民族雖然沒有過文字的發明，但是亦有其璀璨和獨特的民族文明與文化。蘆笙舞作為苗族文化的一種載體和象徵，它蘊含了苗族人民世世代代的精髓，促進了苗族人民之間的社會認同，增強了苗族人民的體魄，溝通了苗族人民的情感，豐富了苗族人民的生活。它古樸卻典雅，莊重又奔放。不可否認的是，它是中國民族民間藝術寶庫中凝聚了苗族人民集體智慧的不可多得的藝術瑰寶。到現在，蘆笙舞也仍然是苗族人民生活中的重要組成部分，我們應繼續保留蘆笙舞的民族特色，只有民族的才是永恆的，只有民族的才是屬於世界的，但願千百年後的人們也依舊能感受到苗族蘆笙舞的獨特魅力，但願苗族蘆笙舞能夠生生不息、世代流傳。

舞出苗族之魂——臺江反排木鼓舞

趙琳

摘要：臺江反排木鼓舞一直都是苗族人民的驕傲，作為一種舞臺藝術，它活躍於世界各地的舞臺上；作為一種民族活動，它在民族節日中大放異彩。然而，令人遺憾的是，人們對反排木鼓舞的關注大多僅僅停留在那絢麗的舞姿、動聽的鼓聲上，而未對其背後所蘊藏的深厚的歷史文化價值加以挖掘。因此，本文試圖從孕育環境、古史傳說、鼓點舞步、木鼓製作、表演儀式、演藝成就、傳承方式等諸多方面詳細介紹反排木鼓舞的起源及其發展現狀，透過分析苗族的歷史演進以及苗族人民的性格特徵，探尋出這一傳統活動仍活躍至今的奧秘。

關鍵詞：反排苗寨；木鼓舞；民族精神；表演技藝

苗族人民善於歌舞，他們喜歡以舞蹈的形式表現心情，彰顯生命活力。木鼓舞、銅鼓舞、蘆笙舞……多才多藝的苗族人民創造出了瑰麗多彩的舞蹈文化，而其中，木鼓舞因其強烈的舞臺表現力和豐富的歷史意蘊而被視為苗族舞蹈的精華，是苗族人民必備的技能。如今臺江反排木鼓舞，不僅成為苗族人民的身份象徵，更作為首批國家級非物質文化遺產而受到人們的尊敬和保護。反排木鼓舞之所以取得如此大的成就，離不開一直延續至今的祭祀傳統，離不開那些勤奮練習的表演人員，自然也離不開孕育它的深厚土地——反排苗寨。

一、孕育環境與古史傳說

反排苗寨獨特的地理位置和原生態的地質環境成為木鼓舞的孕育土壤。反排苗寨地處臺江縣城東南面，東經108°24′，北緯26°31′，距離縣城26公里。苗寨地勢從西南向東北逐漸降低，坡度多為70°，最高海拔1050米，最低海拔810米，年平均氣溫13.7℃～15℃，無霜期247～272天，年均降水量1300～1440毫米。整個苗寨位於兩山夾溪的山窪間，具有苗家特色的吊腳樓建築依山而建，鱗次櫛比地掩映在山林翠竹之間，各家各戶種植稻

作，層層梯田繞其苗寨依著山勢，從山腳直至山頂。這裡夏無酷暑，冬無嚴寒，雨量充沛，土壤肥沃，空氣清新。

全寨共有362戶，約1500人，寨民皆為苗族。寨內有松岔由鬥牛坪，是民族節日的鬥牛場地；「起鼓山」林蔭障天，雲霧繚繞，是寨裡各氏族祭祖節舉行起鼓儀式的聖地，而離寨約1000米的懸崖石洞，則是歷屆祭祖節放置單鼓處。境內有大小溪溝14條，匯入翁概溪。溪水自西向東回轉穿寨而過，分寨為二：北面住萬、張二姓；南面則住楊、唐、張三姓。寨內溪上共架有木石橋20座，其中有大的風雨橋3座，橋上建有橋亭，中間為通道，兩側設有長廊坐凳，橋亭上蓋杉木皮或瓦。寨前寨後共有水井16口，其中一口上有合抱大的樟木樹和紙豆杉，井水甘甜清澈，常年不涸。反排寨周圍有很多名貴樹種，如紅豆杉、水杉、樟木、楠木等，它們或植於井邊、溪上，或植於寨內、道旁。

由反排木鼓舞的孕育環境我們不難發現，這是一片未受現代工業沾染的人間淨土，這裡有山，有水，有鳥，有獸，有風穿過森林發出的颯颯聲，有稻田間那喧鬧的陣陣蛙鳴……這裡有的僅僅是來自大自然的那一份慷慨的饋贈，來自祖輩一代又一代傳承下來的智慧財富。一方水土養育一方人民，這方水土養育出來的苗家人民，不僅吃苦耐勞，辛勤勞作，而且樸實，樂觀，積極，向上，適宜農耕的環境塑造了他們沉穩安逸的性格特徵，在田間勞作的互幫互助中保留那份對自然、祖先至高無上的崇敬之情。

因此，反排木鼓舞也正是在這一片土壤上悄然孕育而生了。反排木鼓舞最早起源於苗族祭祖的傳統，與祭祖節相伴相生。「反排木鼓舞」是漢語對這一傳統苗族舞蹈形式的稱呼，苗族將其稱為「方白牛漿」或「著牛方白」。「方白」是苗語反排苗寨的意思，「牛」意為木鼓，「漿」是鼓社，一個盟的意思，因此，「牛漿」的意思便是鼓社祭祖時所用的木鼓；「著」的意思是跳，「著牛白」則是跳反排木鼓舞。「鼓」是「古」的諧音，苗族人認為正常老死的人，靈魂應入鼓歸宗，即作古人，所以苗家人視鼓為祖。

臺江反排苗寨祭祖節，則是祭祀祖先、維系氏族的重大節日。每7年舉辦一次（其他地區則是13年一次），每次連續4年，且在4年中的第四年，

一、孕育環境與古史傳說

也就是木鼓將放置到山洞的最後幾天,苗家人認為鼓(祖)將要離他們而去,所以懷揣著依依不捨的心情,紛紛來到鼓主家屋內正堂前圍著木鼓繞數圈,隨著鼓點的節奏歡樂舞動。拜訪完鼓主家之後,他們又將木鼓移至其他寨的副鼓主和下屆鼓主家。如此連續幾天之後,最後才將鼓送入祖的安息之地——山洞中,而跳木鼓舞的活動也就隨之停止了。若要等到下一次跳木鼓舞,則需在7年後的下屆祭祖節上,其餘時候則均不得敲響木鼓和跳木鼓舞。至於擊打木鼓的原材料常常用楓木,那是因為苗族傳說,苗族的女性始祖蝴蝶媽媽就是從楓樹裡生出來的,所以,苗家自古便有透過敲擊楓木才能喚起祖宗靈魂的傳統。

從反排木鼓舞的起源中,我們可以感受到反排木鼓舞背後蘊藏著深厚的社會歷史價值。在過去,苗族社會的主要社會組織由鼓社、榔規和理老共同構成。鼓社負責執法,榔規負責立法,理老負責司法調解。作為苗族歷史社會最重要的組織之一的鼓社的主要活動便是祭祖節。苗族人民透過祭祖節這個節日獨特的禮儀活動祭祀先祖和逝去的親人、祈求風調雨順、寨鄰和諧幸福安康,演繹出苗族社會包括政治、軍事、文化、經濟、婚姻、禮俗、人們的行為舉止等在內的方方面面。而源於祭祖節的反排木鼓舞與祭祖節和鼓社組織相伴相生,緊密相連。因此,反排木鼓舞是連接過去、現在、未來的最顯著的文化形態的紐帶,透過它,可以折射出苗族過去的社會組織、文化形態、生產方式、生活方式、宗教禮儀等民族心理素質的歷史軌跡,瞭解苗族社會的古史今說。

除此之外,反排還流傳著一個講述木鼓起源的故事。很久以前,有一對夫妻為了躲避戰亂,領著3個兒子從遠方逃到如今的反排村一帶開墾種植。大兒子上山勞動時,每每聽到啄木鳥啄樹時發出悅耳動人的聲音,便很想做一個能發出同樣聲音的鼓,他曾用牛皮、樹皮、蛇皮、山羊皮等蒙過一個又一個鼓,可都發不出他所喜歡的那種聲音。後來他無意中發現用木棒敲打楓木皮,那聲音與啄木鳥啄木時的聲音非常相似。於是他就用楓木皮蓋住岩石上的空洞,再拿木棒敲打,終於發出了自己一直苦苦追尋的聲音。然而有洞的岩石體積又大又不便於搬運,他便用一節空心樹幹代替了之前的岩石,在兩頭蒙上楓木皮,這便是苗族傳說中的第一個木鼓的由來。從此,他們敲擊

貴州台江苗族文化調查研究
舞出苗族之魂——臺江反排木鼓舞

此鼓，讓眾鄉親圍著木鼓跳舞吹笙，祭祀始祖蝴蝶媽媽。隨著時間流逝，3個兒子也都已經長大成人，各自為了生計而四處奔波。臨別前，他們的父親要求他們許諾：無論走到天涯海角，木鼓舞就是他們兄弟相認相助的標誌，並且一再強調，無論未來生活多麼艱難險阻，7年之後一定要回到製造第一個木鼓的反排山下相會。轉眼7年過去了，3兄弟都已成家立業，生活也都很富足安康。他們帶著妻子兒女，衣著盛裝，帶著自製的木鼓，翻山越嶺來到舊地歡聚，在那陣陣鼓點聲中，在那歡歌笑語中，互訴離愁。自此以後，每7年一次的「吃牯藏」（即祭祖節），反排村的村民們跳木鼓舞的習俗就這樣傳下來了，世代相襲。

想要對祖先訴說情愫，是苗族反排木鼓舞產生以及發展的主要原因。這顯示出苗族崇拜的對像是先祖（人）這一與眾不同的宗教情懷。從一般意義上而言，「擊鼓之樂」往往源於對自然的崇拜。原始人由於對自然力的不理解，生產力極其低下，無力抵抗自然災害的威脅，因而畏懼大自然，進而產生對自然界精靈的崇拜。然而，雖然苗族崇尚萬物有靈論，敬仰自然界的萬事萬物，但木鼓舞最終的崇拜對象仍定格到先祖身上。由於長期以宗族為主要生活紐帶和從事以農耕稻作為主的農業生產，所以在苗家人眼中，祖先是很重要的存在，他們溝通自然、理解自然、讀懂自然，他們能聽懂四季的呼喚，大地的吶喊，依時而作，因地制宜，從而創造了無數的碩果和財富，福澤了苗家人。除此之外，他們還將人生閱歷、生產智慧傳予了後代，使之能夠受福享樂。因此，在苗家人看來，與其祈求那些高高在上、距自己有千崖萬丈之遠卻掌握自己命運的神靈，不如崇拜生自己育自己的祖先。那些抽象化的神靈遠不如自己的始祖更具象化，更為人所親近。所以苗家人對祖先的情感是極為濃烈和複雜的，其中包含著對祖先智慧的崇拜和敬畏之情，對祖先毫無保留地無私奉獻氏族的感激之情，對祖先終將離去的依依不捨之情，而這些最終都在祭祖節上那絢麗的舞姿、激昂的鼓點聲中一一呈現出來。

二、激昂鼓點與豐富舞步

反排木鼓舞的鼓點很多，擊鼓的音律也各不相同，舞姿自然也隨著鼓點的不同而各有差異，不少鼓點均已經失傳，至今常用的鼓點有 5 種，其名稱依次為：「略歌陶」「歌陶大」「嘎帶福」「略渣廈」「渣廈露」（均為苗語音譯）。與鼓點對應的反排木鼓舞也有 5 個章節，即「略高鬥」「略高鬥大」「略蝦地福」「略渣廈」「略渣廈耨」。

「略歌陶」漢譯為《斑鳩舞》，鼓點為：

DXXXXOXOOO|DXXXXOXOOO|DXXXXOXOOO|DXXXXOXOOO|DXOOXOXO|DXOOXOXO|XXOXOOXO|DXOXOOXO|XDODDOXO|DDOXXOXO|DXOOOOOO|XXOOOOOO|XXDXODOXO|XXDXOOXO|

對應此節的舞步是「略高鬥」，漢譯為「高鬥舞」。舞步形式為左右各跳一步，第四步轉一轉身。這一節舞步是木鼓舞的前奏，表現的是先祖們由東方遷徙來時跋山涉水、晝夜兼程的艱難情況。

「歌陶大」漢譯為《斑鳩長舞》，鼓點為：

XXOXOXOX|XXOXXXOD|DDOXXDOX|XOXXXODX|DOXXXOXD|DOXXXOXX|OOXOXOXX|OOXOXOXX|OOXOXOXX|XODDDOXX|DODDXOXX|XODXDOXX|DODXDOXX|XODDDXDO|OXOXOXOX|OXOXOXOX|OXOXOOO|

此節對應的舞步為「略高鬥大」，漢譯為「高鬥大舞」。舞步形式為每三步轉一轉身。「高鬥大舞」是「高鬥舞的延長」之意。表演此舞的舞蹈者每人手擎一把砍牛刀，隨著舞蹈動作不停地晃動。此舞表現的是祖先們遷徙定居後，砍伐山林、開田開土的情況。

「嘎帶福」漢譯為《黎與方舞》，鼓點為：

DXDOXOXO|DXDOXOXO|DXDXDOXD|OXDXXODD|OXDXXOXD|XOODXXOX|DXDXXOXO|DDDXXOXO|XDXDOXO|

此節對應的舞步是「略蝦地福」，漢譯為「蝦地福舞」，意即「蝦」「黎」和「方」兩個苗族部落支系相率同行西遷到黔東南定居。舞步歡快跳躍，表現為左右各反身跳四步。這一節舞步表現的是遠方兄弟、親朋好友的歡聚場景。

「略渣廈」，漢譯為《扎夏舞》，鼓點為：

XXXOXOXO|XXDOXOXO|DXDODOXO|DXOOXOXO|DXOOXOXO|XXDXDOOO|

此節對應的舞步是「略渣廈」，漢譯為「渣廈舞」，舞步形式為每跳四步至五步轉一轉身。這一節舞步表現的是五支祖相依遷徙到此定居後，重振鼓社、舉鼓主、對母系始祖蝴蝶媽媽、父系始祖姜央和鼓社創業艱辛的歷代祖先的懷念祭祀場景，場面宏大熱烈，儼如出征。

「渣廈耨」漢譯為《扎夏露》，鼓點為：

DXDODXDO|DXOODXDO|DXOODXDO|DXOODXXD|XOOODXDO|DOOOXXDX|DOOOXXDX|DXOODXDO|DXOODXDX|DOOOXXDX|DOOOXXDX|DOOODDDX|

此節對應的舞步是「略渣廈耨」，舞步形式是左右各跳三步，上前一步向後轉身還原。此節舞步表現的是祖先打獵的場景。

短短 5 章節的反排木鼓舞，卻如同一部史書巨著一般向我們生動展現了苗族歷史的演進過程，向我們細緻刻畫了苗族人民的先祖形象。從開始的遷徙定居，開墾創業，到最後的祭祖懷念，苗族人民用歌舞的形式將那一幕幕重現在我們眼前，讓我們在鼓點聲中回溯歷史，感受當時。而在其中，表現出苗家人豐富的情感。有遷徙之初的徘徊無助，有創業艱難的辛酸苦楚，有成家立業的喜極而泣，有追憶先輩的緬懷情深，有憧憬未來的期許嚮往……反排木鼓舞描繪的不僅僅是一部舞曲，它更像一位掌管時間的巨人，記錄下了那漫長的苗家歲月，記錄下了那一個個歷史瞬間。

不管是鼓點的敲擊還是舞蹈的表演，都體現出反排木鼓舞極高的藝術水準。鼓點器具由木鼓、鼓架、鼓棒組成；舞蹈由鼓手擊鼓指揮，眾人按著鼓

二、激昂鼓點與豐富舞步

點節奏快慢、變化舞步而跳。鼓手敲擊木鼓時，左右兩手各持著兩個鼓棒，按照不同的節奏擊打著鼓面，一手豎敲鼓身，並用兩根鼓棒互相擊打，以發出的各種的音響動作，他們或是用鼓聲表現斑鳩行走跳躍、覓食、啄食、刨沙、拍翅、曬花羽、求偶等，或是表現走獸生活習性、生活舉動，又或是表現苗族的習俗習慣、生產生活情趣，例如苗家青年男女的戀愛、娛樂等。

而與鼓點對應的舞蹈動作，則是以身體中段為動力，帶動四肢的協調運動，這五個章節的舞動作大都根據人的勞動姿態、動物的活動形象創造而成，其動作姿勢有老鷹式、鴿子式、撒秧式、栽茄式、打獵式等，其特點是踏二四拍，用手、腳、胯於同一節拍中進行同邊甩，交替進行。透過側身順走變換身體形態，要求頭、肩、腰、臀各部間的動律均在同一節拍中統一進行，使人體在不協調運動之中達到高度的和諧和統一，頭、手、腳開合度大，擺動幅度大。造型上，它有些變形，主要表現在順拐和擰身，曲成一團，然後再把它放開。速度上，它一般都是在中速稍快中進行，如果是慢一些，動作就可以放大。從整個舞蹈的編排來看，有一定的技法：一個動作有大有小，有向前、有後退、有轉圈。除此之外，木鼓舞常常是以圓圈的隊形出現，除了適合廣場表演外，更有團結的象徵之意。

除此之外，反排木鼓舞作為民間舞蹈方式，人們參與跳時不要求所有人員都按鼓點統一起步，可以由少數人或部分人按鼓點起步，眾人隨時參與進來，個人隨時可以退出，但有一條要求，儀式或時辰終止，鼓點結束，眾人方可離散。跳時，時間長度不限制，可以一小時，也可以幾個小時；可以用一個鼓點章節跳，也可以將幾個鼓點章節連接跳。凡是能敲全部鼓點和會跳所有舞步者，都是舞蹈高手，被人們特別尊崇。

無論是木鼓的擊打還是舞步的跳躍，苗族人民試圖想向我們展現的是一種蓬勃昂揚的生命力。那種生命力表明的不僅僅是精力的宣洩和情緒的排解，而是象徵著歲月長河的延續，生命的無限輪迴。在一個個歡呼聲、一個個轉身中，反排人民似乎在告訴我們，雖然祖先已經逝去，但是我們仍在其精神的影響下生活。

圖1　苗族同胞的蘆笙舞表演（一）

三、木鼓製作與表演儀式

　　木鼓是苗族祭祀祖宗時敲來跳舞的樂器，苗語稱為「略峒」，或者「略姜」。鼓社節所祭的鼓有兩種：一為單鼓，苗語稱「略紹」。傳言是男性始祖姜央製作用來祭祀苗族女性始祖「妹榜妹留」——蝴蝶媽媽的，每次祭鼓節要製作一個，祭鼓節結束後抬到氏族特定的鼓山存放。另一種鼓的含義也是「祖宗鼓」，是一對鼓，苗語稱為「略朋」，漢譯為「雙鼓」。傳說這對

鼓象徵著苗族男性始祖姜央及其妻子，所以這種對鼓又被稱為「央公、央婆鼓」。因這對鼓能賜給氏族子孫，又被視為「子孫鼓」。「單鼓」——祖宗鼓和「央公、央婆」——子孫鼓都是長圓柱形，由一節楠木摳空而成，鼓必須做成12扎長。這個長度的規定是依據神話中蝴蝶媽媽生12個蛋而來的，含義便是即使苗族分為12個支系（一般為九鼓支系），也不應忘了其同宗同源。「單鼓」略小，鼓身長165釐米，外圍直徑18釐米，內圍直徑11釐米。兩頭蒙有繃緊的黑黃毛色黃牛皮，由竹釘固定而成。「子孫鼓」略大，鼓身長174釐米，外圍直徑30釐米，內圍直徑21釐米。兩頭同樣蒙有繃緊的黑毛黃牛皮，由竹釘固定而成。因「子孫鼓」常用於逢年過節的敲擊起舞，所以在鼓身的內壁嵌有三層簧竹片用於共鳴。以上是木鼓最為簡單傳統的做法，隨著歲月的推進，反排木鼓越做越精，後來便改用圓木挖心，兩端改蒙帶毛的牛皮，並且在鼓身刻上牛頭圖騰。

　　木鼓的製作工藝展現了苗族人民的卓越智慧及苗族文化的豐富內涵。中部掏空的楠木傳音效果極佳，牛皮緊致又堅韌，而楠木又是反排常見的樹種，牛又幾乎是家家戶戶都會馴養的動物，木鼓的原材料既方便易取，又恰到適宜。而製作過程中，無時無刻不展現了苗族根深蒂固的氏族文化。從12扎長的選取，再到單雙面鼓背後的深刻內涵，無不體現了苗家人作為一個共同的民族無法隔斷的民族情結。苗家人透過這種方式銘記，透過這種方式提醒，苗族人民同根同源，矢志不忘。

　　與木鼓科學嚴謹的製作工序一樣，跳木鼓舞也有莊嚴重大的儀式。由於跳木鼓舞是反排苗寨祭祖節的重要活動，所以它是在鼓社這一古代組織領導下舉行的，它的最高組織者就是祖宗鼓主，即第一鼓主，在祭師的指導下，由他向氏族全體成員宣布跳木鼓的時間和地點。跳木鼓舞一般都在下午進行，地點就在第一鼓主屋內。一旦氏族成員和親戚接到通知，大家都會紛紛準備好魚、雞、酒等禮品，等時間一到，男女老幼就身著新衣，帶著禮品前去祝賀和參與跳木鼓舞。跳舞開始時，由於第一鼓主家屋內太窄，無法容納全體成員參與，所以一般由所有鼓主和夫人先圍鼓而跳，等儀式結束以後，再抬著雙鼓到屋外空曠的空地（鼓場）跳。跳時，長者在內圍成一圈，青壯年男

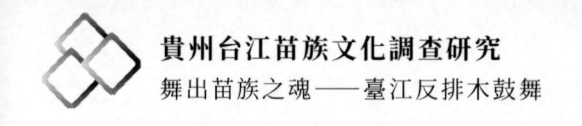

子手持馬刀在長者外圍成一圈，揮刀而跳，而年輕女子則佩戴精美銀飾、身著盛裝又在男子外圍成一圈。跳舞的過程中，人們互相敬酒，互相祝福。

由於在苗家人看來，參加跳木鼓舞是他們氏族最大的盛事和最重要的禮儀，因此傳統的跳反排木鼓舞，僅靠一人或五人的小集體是無法完成的，需要氏族成員和親友的集體參加，表演場合則是祭祖節提供的舞臺。

木鼓舞的表演儀式展現的是個體與團體的和諧統一。首先，木鼓舞是苗族同一宗族的集體活動，參與者是氏族的全體成員及其親友，每一次反排木鼓舞的表演無疑將苗族這一少數民族的百姓都牢牢地聯繫在一起。無論在身旁的是誰家的親戚，無論彼此的親疏遠近，當鼓點敲響，當人們圍成一圈，跳起歡快的舞蹈時，此時此刻，大家心中所感激的都是同一位始祖，所歌唱的都是同一個民族，即苗族。當反排人民每每跳起木鼓舞時，身為苗家人的這一份自豪之情油然而生，為自己身為苗族子弟而感到由衷的幸運。其次，反排木鼓舞彰顯的又是個體意識。在表演中，每一位參與者都具有極強的個性，因為與自己一起慶祝的都是自己的「兄弟姐妹」，所以也更能流露出自我真實的情感。由於不受外界的約束和束縛，這種同氏族的集體活動反而更能激發起苗族人民的自我意識，更好地在舞蹈中展現自我，在團體中突顯出自己……此時此刻，舞臺又搖身一變，成為各位參與者爭奇鬥艷的競技賽場，誰都想一拔頭籌。

四、演藝成就與革新傳承

反排木鼓舞瀟灑剛勁，激越豪邁，熱情奔放，一經表演便能牢牢鎖住人們的視線，使之無法轉移。1986年9月，在烏魯木齊舉行的全國第二屆少數民族民間傳統體育運動會上，反排木鼓舞初展風采後，就被譽為「東方迪斯科」，聲名遠颺中外。1988年，在貴州省文化廳的組織下，反排村的男女青年隨同貴州省其他少數民族的歌舞演員，先後到過北京、西安、深圳、廣州等地演出。每到一地都深受歡迎，場場滿座，聲譽大增。1989年7月，該村青年萬正文（男）、唐汪報（女）二人又被邀請參加省文化廳組織的，經文化部、省政府批準的「貴州省民族民間文化藝術團」赴美國華盛頓參加美、

中、蘇、日、德等國藝術節，與西方迪斯科同臺媲美。尤其值得一提的是 1990 年國慶，他們代表苗族進中南海獻藝，邀來中央領導人並肩起舞，留下了難忘的珍貴鏡頭。如今，反排木鼓舞已不再侷限於那小小的圓形鼓場，已不再淹沒於深林大山之中，木鼓舞的表演成員們四處奔波在世界各地，將這一展現苗家風采的反排木鼓舞展現給世界人民。反排木鼓舞現已經揚名中外，譽滿全球，為苗族、為臺江、為國爭了光，立了功。

圖 2　苗族同胞的蘆笙舞表演（二）

貴州台江苗族文化調查研究
舞出苗族之魂——臺江反排木鼓舞

　　與其他民間傳統文化的傳承方式不同，傳統的反排木鼓舞有獨特的傳承方式：一、由於反排木鼓舞是祭祖節的祭祖活動之一，一旦祭祖節結束，祖宗鼓便要被運入洞中安息，人們便不能再敲鼓和跳舞，以免讓聲響驚動祖宗，使得祖宗不再保護氏族全體成員的安寧，所以 7 年一屆的祭祖節才是人們能接觸、學習木鼓舞的機會，並且在平時也不能隨便練習；二、由於禮儀的限制，在接觸過程中，學習者只能透過集體參與的形式，用心去記住那些舞蹈的動作和鼓點，透過觀察模仿的方式自學。然而由於鼓點有輕重緩急，節奏變化多樣，一般人很難學會，只有那些天資過人的人才能掌握，所以在反排木鼓舞這一傳統活動中，鼓手是很為人所尊重的。

　　這種具有宗教色彩的集體活動沿襲了一代又一代，直到新中國成立以後，隨著國家破除迷信政策的推行，20 世紀 50 年代中期，反排木鼓舞作為民間體育舞蹈的代表，反排苗寨派出兩個木鼓舞隊員首次出寨門進京參加全國首屆農民體育運動會，之後的傳承方式發生了根本性變化，特別是進入 20 世紀 80 年代，隨著改革開放的不斷深入，傳承方式突破了宗教禮儀的限制，在任何時間、任何場合，反排木鼓舞的鼓點和舞蹈都可以口傳身教，都可以到全國各地面對任何觀眾進行演出。20 世紀 80 年代後期至今，反排木鼓舞隊就曾漂洋過海到美國、澳大利亞、新西蘭、荷蘭、比利時、法國、西班牙等國和香港、澳門等地區進行演出，由原先的宗教祭祀活動轉變為反排苗寨對外文化交流的重要活動。除此之外，為了保護這項珍貴的傳統活動，不讓

它因為時代的沖刷而流失，如今反排村傳承木鼓舞的鼓師們和舞者們已擔負起了培養接班人的重任，他們選拔了一批天性靈巧的孩子辦起了培訓班。例如鼓師萬正文的兒子萬金貴在木鼓舞的表演方面便展現出了驚人的天賦，隨著貴州少數民族藝術展演團遠渡日本，在異國一展木鼓舞的非凡魅力。

　　反排木鼓舞取得的非凡成就與其傳承方式的改革是密不可分的，這點毋庸置疑。其原始的傳承方式，神秘閉塞，充滿了不易接觸的宗教氣息，學習者需要時隔 7 年才能有第二次的學習機會，並且只能依靠眼、耳、身、心的投入觀察和用心感悟，去牢記那一個個動作，那一聲聲韻律。這樣的傳承方式，無疑保留了苗家人透過跳反排木鼓舞來祭祖的神聖性，將這一儀式莊嚴肅穆的氣息完整地傳承了下來。然而不可否認的是，傳統的傳承方式難以保證這項技藝能夠被較為完整地傳授下來，最後會像其他傳統工藝、傳統活動那樣因缺乏恰當的接班人而面臨技喪人失的尷尬境地。隨著傳承方式和活動場合的變革，反排木鼓舞的活動範圍也不再侷限於那小小的一方苗寨，表演的時間也無須等到那 7 年一次的祭祖節，如今的反排舞大膽地走出國門，無論何時何地，誰家有了喜宴，遠方來了客人，只要苗家人遇到令自己歡快的事，便能衣著盛裝，盡情地舞蹈。與之相應的，隨著培訓班轟轟烈烈的興辦，這項原本侷限於祭祖的活動也越來越規範化、民間化。「學生」們向老師們學習敲擊鼓點的技巧，舞蹈的動作隨著韻律而逐一被分解，每個動作的意義也逐一被解析，這樣的方式雖然告別了傳統，卻將傳統的東西更好地傳承下來，將那寶貴的歷史財富更好地保留下來。以前，人們在祭祖節上學習到的鼓點或是舞蹈，平時練習是一種禁忌，無法懂得那鼓點聲和舞蹈動作背後所蘊含的深刻內涵。而如今，隨時隨地口傳身教的傳授方式，培訓班的興辦，更加包容的招生心態（甚至有舞蹈天賦的外族人也可以學習），給反排木鼓舞提供了一個全新的契機，使苗家子弟得以更好地傳承那自古以來就有的傳統才藝，那代表自己民族的精神魂魄。

　　說實話，與西方的芭蕾舞和中國的古典舞相比，反排木鼓舞的表演稱不上多麼精緻或是絢麗，其中也沒有很多高難度的舞蹈技巧，可恰恰就是其中的這一份質樸，這一份純真，最感人至深，最打動人心。透過呼喊、碰撞身體等所展現的是對生命的渴望、對生活的熱愛；透過搖曳的裙襬、鏗鏘的鼓

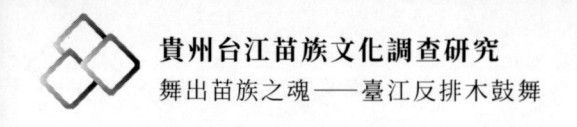

聲所講述的是濃情蜜語。這種粗獷直接的表達方式，比委婉含蓄更能直擊人的內心。

　　透過反排木鼓舞的表演，我們看到的是遺傳在苗家弟子血液中的一種信仰、一種堅信。這種信仰和堅信，與其說是一種宗教迷信，不如說是一份人定勝天的英雄氣概。跳木鼓舞是為了表達對祖先的尊敬，同時也是為了致敬和祖先一樣時時刻刻在奮鬥拚搏的苗族子弟們。祖先們雖已經逝去，但時光卻不停止，又有無數的後輩成長起來，成為後世的祖先，反排木鼓舞所歌揚的正是苗族後繼有人、薪火相傳的生命力。

　　反排木鼓舞的成就，離不開那引人入勝的音樂舞蹈的形式，離不開其背後深厚的歷史文化積澱，更離不開一代又一代的苗族人民學習、繼承這項傳統的苗家技藝。因此，與其說反排木鼓舞作為聯繫苗族人民的情感紐帶，是苗族人民的精神像徵，它的產生、演變、傳承，造就了如今的苗家子弟，不如說那自古便有的苗族之魂從未離去，它一直寄存在各家各戶的苗家子弟身上，傳承至今。正是這種追思憶祖、善於在集體中找到自己的定位、勇於展現自我的苗族精神，造就了反排木鼓舞的演藝輝煌。

淺析苗族的牛文化與牛崇拜

陳鑫穎

　　摘要：牛與苗族人民息息相關，牛元素運用於苗家人生活的方方面面。筆者在臺江縣進行了為期一週的實地考察，對苗族的牛文化與牛崇拜進行了全面調研。本文從民間故事說起，牛崇拜應為一種圖騰文化，根植於農耕生活。牛元素體現在建築上、剪紙刺繡與服飾、歌舞、節日習俗等方面。接著，將苗族的牛崇拜與其他少數民族的牛崇拜進行了比較。最後，對牛文化的消退進行思考。牛文化的研究有助於以小見大，促進苗文化的研究。

　　關鍵詞：牛崇拜；苗族；建築；剪紙刺繡與服飾；歌舞；節日習俗

　　苗文化的研究和保護具有重大意義。「苗文化是中華文明一脈從沒有間斷過的獨特經線，是中國農耕文明的寶貴碩果，本質上是一種值得尊重的悲情文化，是一種具有神秘感的禮儀文化；是一種崇尚勤勞和真善美的文化；是與現代社會有很多相融性的文化。」[2]而牛崇拜在苗文化中占據了很重要的地位，是農耕文明的外在表現，從古歌等民間傳說中可以看到苗族人家與牛淵源深厚。牛崇拜體現在苗族生活的各個方面，如建築、剪紙刺繡與服飾、歌舞、節日習俗等。其他少數民族同樣有牛崇拜，與苗族有相似之處，也有不同之處。隨著社會經濟的發展，根植於農耕經濟的牛崇拜在一定程度上開始衰退，如何認識和處理這一現象值得思考。對牛文化的研究有助於進一步研究苗族文化，以小見大。

一、苗族人家與牛的淵源

　　苗族相信萬物有靈，是一個多神崇拜的民族，如對風火雷電等自然現象以及各種動植物很崇拜，其中牛崇拜尤甚。苗族人家與牛淵源深厚，苗族是古老的農耕民族，至今仍屬於典型的傳統農業模式，牛是協作耕種的主要對象。苗族古歌《蝴蝶媽媽》中就提及牛是十二個同胞兄弟之一，苗族人民視牛為圖騰，從而產生一種牛崇拜。

貴州台江苗族文化調查研究
淺析苗族的牛文化與牛崇拜

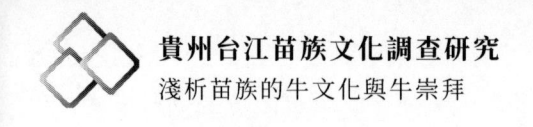

1. 原始的農耕生活

　　傳說中苗族是蚩尤的後代，蚩尤的九黎集團戰敗後大部分向南流徙，開始了苗族多苦多難的遷徙史。苗族對牛的崇拜並不是一朝一夕形成的，而是經歷了漫長的歲月。苗族是最早的稻作民族，在上古時期就開始了稻作。苗族生活在山水間，環境較為封閉，千年來依舊沿襲著農耕的傳統，仍以水稻種植為主。牛作為苗族鄉親耕作的最好夥伴，成為維繫苗族人民生產和生活的重要支柱，自然得到人們的親近與尊重。苗族人民在長期的農耕生活中，對牛產生了深厚的特殊感情。如果沒有牛的協作，苗族人民是很難解決食物溫飽問題的，自給自足為主的原始農耕方式使得苗族人家與牛結下了不解之緣。筆者經過實地考察發現，臺江縣較原始的苗寨中依舊是大片農田，仍然是傳統的農業耕作方式，但是牛卻已經逐漸淡出人們的生活，苗家吊腳樓原本的牛棚裡也不見了牛的蹤影。不過，現代農業耕作方式的改變並沒有影響苗族人民千年來既有的對牛的崇拜與敬意。走訪中一位年長的村民說，有牛的時候每天給牛洗一次澡，三餐都及時供應飼料，就算餓著了人，也不能餓著牛，對牛就像對自己的父母一樣伺候著。還有一位村民帶著調研團成員去看他家的牛，膘肥體壯，言語間充滿自豪感，牛就是莊稼人的門面。對牛如此的悉心照料當然也離不開牛耕作的功用，離不開農耕生活。所以說，農耕生活所產生出來的對牛的情感是牛崇拜的重要來源。

2. 苗族的民間故事

　　與牛相伴的勞作中產生了許多傳說故事。《苗族古歌》是在苗族聚居區普遍流傳的一種以創世為主體內容的民間口傳文學作品，既是中國流傳下來的唯一非宗教典籍的傳世史詩，也是集苗族歷史、倫理、民俗、服飾、建築、氣候等為一體的百科全書。在凱里臺江縣反排苗寨，調研團成員有幸欣賞到了苗族古歌，《苗族古歌》的第二組《楓木歌·十二個蛋》中就唱道妹榜妹留[3]（蝴蝶媽媽）長到12歲，和水泡遊方[4]12天12夜，生下12個蛋。12個蛋生下來，妹榜妹留請來鶺宇孵了3年整，生出人類始祖姜央和雷公，老虎、蛇、龍、牛、大象等動物以及一批鬼怪。由此可以看出，牛在創世紀神話傳說中占有一席之地，苗族對牛有來自原始的崇拜，視牛為祖先之一。

一、苗族人家與牛的淵源

圖 1　苗族反排古歌表演

　　歷史上，苗族經歷了五次大遷徙，在此過程中，牛扮演著重要的角色。黔東南古歌《五群媽媽》中唱道：經過「河沙壩」時，「野草密又高，苦於路難尋，阿媽憂重重。水牯草裡鑽，道路被打通。扶著媽媽走，慢慢朝向東」。這裡說的水牯就是水牛。黔西北苗族傳說，遷徙過黃河時，小的家畜都被水沖走了，是牛把人載上了岸，才逃脫了敵人的追趕，得以生還。由古歌的內容推斷，苗族對水牛是懷有極度感恩之情的。[5]

　　此外還有關於牛皮鼓的傳說。苗家凡是死了人，都要打牛皮鼓。一次阿昂（端公）給死人唸經，其經書被老牛所吞。此經書為神仙所贈，書上記載著苗族老家的名字，記著搬到這裡來的路線和祖宗的名字，牛把經書吃了，會讓苗家死去的人回不到老家，找不到祖宗。老牛說，經書已在其肚子裡化

成一張油皮，只消得把其殺掉，用肉招待客人，皮子用來蒙鼓。把油紙蒙在鼓面上，經書自然就印在鼓面上了。自此以後，苗家死了人就不再唸經，而是打牛皮鼓。[6]

苗族至今沒有文字，其文化主要是透過口耳相傳或宗教活動等形式代代相傳。民間故事是苗族在山水間創造的燦爛的原生態民族文化，此類主人翁為牛的民間故事還有很多，苗族人民與牛之間有著許許多多道不清說不明的「恩怨情仇」。這都說明在漫長的年歲裡苗族人家與牛的淵源深厚，不可分離。

二、牛元素在苗家人生活中的運用

牛既是貴州苗族人民生產生活中不可缺少的夥伴，又是其審美意識的體現，還是苗族精神層面的支柱。牛在苗族文化中具有不可替代的意義，它已經成為一個圖騰，一種文化符號，牛崇拜也成為苗族的一種精神寄託，影響到苗族物質和精神生活的方方面面。[7]

圖2　建築上的牛角

二、牛元素在苗家人生活中的運用

圖 3　吊腳樓第一層的牛棚

1. 在建築上的體現

　　苗族吊腳樓是黔東南苗族民居建築的典型，到處都有牛元素的運用，如苗家的圖騰柱上佈滿帶角牛頭骨，苗寨寨門上懸掛著帶牛角的頭骨，苗家神龕下放有相連的牛角。除個別外，絕大多數吊腳樓都是三層建築模式（各層間有木樓梯連接）：第一層多用於圈養牲畜和家禽、堆放柴草和農具等。[8] 千百年來，苗家吊腳樓第一層必定是有牛棚的，人牛同屋習以為常，顯示出苗族人民對牛的尊重，對祖先的崇敬。吊腳樓多用木料，乾燥易失火，而水能克火，人們相信水牛可以溝通龍王、避火驅邪。吊腳樓第二層明間大門上的木質連楹，一般製成牛角形。苗俗認為水牛威力最大，連老虎也鬥不過它，

61

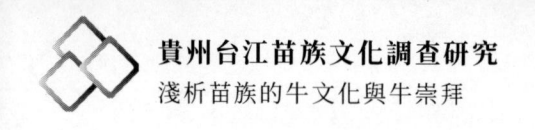

有水牛把門，可保一家平安。建築屋頂上的飛檐形似牛角。苗族民居是情感意志的物態化，其中凝聚了苗族長期積累下來的社會生活美學情感和文化意識。

2. 在剪紙刺繡與服飾上的體現

在對施洞鎮的探訪中，筆者發現苗族的剪紙與刺繡密不可分，相輔相成。苗家婦女在剪紙上的造詣相當深厚。剪紙的內容既有世代累積下來的部分，那些早已約定俗成，如古歌中的故事傳說等，又有無窮無盡的變化。因為苗家婦女善於創造，根據生活認知和實踐經驗可以描繪出變化多樣的圖樣，稍加入自己對生活的感受就可以產生新的樣式。苗家婦女根據剪紙圖樣進行刺繡，剪紙是刺繡的預備工序。在苗族刺繡紋樣中，有許多龍、鳥、蝴蝶、狗、牛等造型。這些紋樣造型獨特，它們不僅僅是簡單的動物紋樣，更是苗族祖先的象徵符號。牛的造型經常出現在剪紙和刺繡中，有的非常喜慶、用色明艷，而有的則一改憨厚老實的常態，變得面部猙獰、雙目突出、凶神惡煞。

二、牛元素在苗家人生活中的運用

圖 4　鬥牛圖樣的剪紙

貴州台江苗族文化調查研究
淺析苗族的牛文化與牛崇拜

圖5　熱情的苗族老太

　　一位名叫張蘭的苗繡工匠給我們展示了她的許多作品，其作品構圖美觀、造型獨特、色彩豐富。牛的造型表達了苗族的生命崇拜以及宗教信仰，鬥牛圖來源於節日裡鬥牛的真實場景，耕牛圖來自於日常的農業生產活動。她解釋說那些看起來凶神惡煞的牛可以驅邪避凶，庇佑苗人。施洞鎮另一家苗繡店的奶奶熱情地拿出了許多與牛有關的剪紙和手工製品。她說牛是苗家人的好夥伴，耕地都離不了它，質樸的言語流露出她對牛的喜愛和重視。這種對牛的敬畏心理早在臺江苗族中紮下了根，而苗族婦女則是透過剪紙和刺繡把這份情感表達出來的。

二、牛元素在苗家人生活中的運用

　　苗銀是一直為世人所稱讚的，苗族銀飾造型美觀大方、種類繁多，都有著美好的寓意，象徵著美好與吉祥。臺江祖祖輩輩都從事銀匠工作的人很多，其中施洞鎮尤甚，被稱為「銀飾之鄉」。苗族銀飾中大量出現牛的造型，最為明顯的是牛角頭飾。貴州省臺江縣施洞地區的頭飾是由大牛角、小牛角、銀帽和銀梳組成，大牛角和小牛角作為裝飾同時出現是施洞銀飾獨一無二之處。它突出表現了牛在苗族服飾中至高無上的地位，並將其儘可能的誇張和美化。[9] 調研團成員拜訪了吳水根，他是國家級非物質文化遺產項目代表性傳承人，自8歲開始隨長輩學藝，1986年開始獨立製作銀飾至今，被稱為民間傳承銀飾加工藝術大師。吳水根向調研團成員介紹和展示了他的作品，其中就有很多牛造型的項圈、手鐲等，作品各具特色、內涵深刻。苗銀本身就體現著美好吉祥，加之牛的造型，使其寓意變得更為美好。

圖 6　實踐團成員穿戴苗族服飾

3. 在歌舞上的體現

　　《苗族古歌》源遠流長，在其古老豐富的內容裡也有一部分提及牛的傳說故事。比如《十二個蛋》《五群媽媽》等，均以歌唱的形式將牛崇拜加以演繹。

　　苗族人民能歌善舞，舞姿奔放熱情，富有極強的感染力。在凱里臺江縣反排苗寨我們就欣賞到了著名的反排蘆笙舞。鬥牛舞便是牛崇拜在苗族舞蹈上的體現。

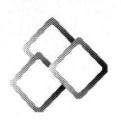

梁代任昉《述異記》載：「蚩尤氏頭有角，與軒轅鬥，以角抵人，人不能向。今冀州有樂名蚩尤戲，其民兩兩三三，頭戴牛角而相抵。漢造角抵戲，蓋其遺制也。」「蚩尤戲」實際上是指參加者三三兩兩頭戴牛角相互牴觸、扮演鬥牛場景的一種活動。這種角抵戲實際就是一種原始舞蹈，反映了苗族先民蚩尤族與鬥牛的緊密聯繫。隨著歷史的變遷，苗族從中原遷徙到大西南的崇山峻嶺，至今苗族不但愛好鬥牛，蘆笙舞中仍保留著苗族鬥牛舞，足見文化習俗的根深蒂固。「鬥角舞一般由五把蘆笙、五支莽筒伴奏，吹蘆笙者邊奏邊舞……舞蹈的唯一道具是竹篾製作的『牛頭』。表演時，小蘆笙前導領舞，大中型蘆笙、莽筒跟著，同時由二人各戴『牛頭』道具作半蹲式邊鬥邊舞，五位頭插雉尾、腰拴白雞毛花裙子的姑娘作舞伴應急配舞。其動作幅度大，有浪度，如甩腰、頂胯、卷轉、抖肩等動作，狀如波濤，起伏翻捲」。[10]

「敲牛舞」是文山州的廣南、馬關等地的苗族在辦喪事時的儀式之一。「廣南白苗的敲牛舞是4人以上的集體舞，幾人吹笙跳舞，幾人執牛尾相配，圍著牛和棺材繞橫『8』字形順跳3圈，反跳3圈。『做牛鬼』時，要有人扮成牛，吹牛角，持火把、鐵刀驅邪打鬼、立高竿。」

4. 在節日習俗上的體現

苗族最神秘的傳統節日當數鼓藏節。苗族至今存留著豐富、獨特的民族習俗，尤其是在臺江縣表現得最為集中，其最高禮儀為祭鼓，即祭祀祖宗，因而最能表現苗族宗教文化特性的節目便是鼓藏節。鼓藏節又稱「吃鼓藏」，一般隔13年才舉辦一次，是苗民以「姜略」（社或盟）血緣氏族為單位，共同祭祀祖宗的大典，旨在不忘祖宗當年創業之艱辛，希冀祖宗顯靈，保佑後代人畜興旺，生活美滿幸福。鼓藏節每屆要連續舉辦4年才算完結，其規模之宏大、形式之奇特、寓意之豐繁，堪稱華夏民族文化之一絕。這個活動規模隆重，儀式肅穆，充滿原始意識和習俗，充分展示了苗族先民的社會文化和樸素的信仰觀念。

美麗的九擺村屬於臺江縣的排羊鄉，總人口達1512人，其中苗族占人口的99.9%。調研團一行人跟隨九擺村黨支部書記陸支書進入九擺村，參觀了最負盛名的九擺鼓樓[11]，它是村子裡的苗族人民在「招龍謝士」「鼓藏節」

貴州台江苗族文化調查研究
淺析苗族的牛文化與牛崇拜

等重大節日時進行跳銅鼓和祭祀活動的中心。從寨子中的民眾中瞭解到,吃鼓藏還要推選出鼓藏頭,吃鼓藏的過程也很複雜。鼓藏節有小鼓和大鼓之分,小鼓每年一次,時間多在初春與秋後等農閒時節,家家戶戶殺豬宰牛,邀請親友聚會,並舉行鬥牛、吹蘆笙、跳舞等活動,一般持續5～9天;大鼓由各寨輪流承辦,一般13虛年(12週年)舉行一次,每次持續4年,有的寨子改為3年。[12]

走訪調研中,我們發現苗族極其尊重祖先,堅持舉行盛大的祭祖儀式,而牛可以作為祭品參與這個神聖的儀式,扮演著很重要的角色。下面,先從牛皮鼓的傳說來揣度一番。老牛提出將自己宰殺,這是它為人類做的最後一件好事。民間故事是苗家人創作的,在一定程度上可以反映苗族人民的想法。從這個傳說中可以看出,被殺祭祀是老牛自己提出的,這一自我獻身的行為加強了苗族人民對牛的崇拜。苗族民間還傳說,用水牛祭祖,是水牛與螞蚱格鬥相爭獲勝而爭得的權力,水牛以此為榮。「苗族的鬥牛和祭祖殺牛,並非不愛牛,其實恰恰愛得熱烈、真誠。祭祖殺牛,是認為牛有到祖先處的資格,是對牛勇於拚搏的讚賞」。「在苗族人看來,祖先帶給他們種族的繁衍與興旺,而牛則給他們帶來豐衣足食。苗族人對牛的崇拜,其實是他們祭祀祖先、重視農耕和祈求豐產的農耕民族文化的外在表現」。[13]由此可知,祭祀殺牛和牛崇拜並不是完全對立的。

鬥牛是苗族對牛圖騰崇拜的一種深層次的體現,苗族人民每舉行娛樂盛會,總少不了鬥牛的活動,例如姊妹節、獨木龍舟節、吃新節、苗年、春節、重陽節、鬥牛節等,鬥牛成為苗族文化生活的重要組成部分。在黔東南苗族,流傳著一個美麗的傳說。傳說「姑昂」(苗族始祖)把生下來的肉團砍碎撒在山坡上,這些碎肉後來變成了無數無手足的子孫。那時候,牛是他們的夥伴。有一天,牛要求「姑昂」讓他們打架。「姑昂」同意了,並讓「板告」去幫牛裝角,叫「板央」去裝「梳子」(牛的旋毛),裝好後,它們就打起架來。從此以後,苗族在祭祖時,便叫水牯牛來打架,隨後就殺它來代替無手足的娃兒,使子孫不斷繁榮,這以後就形成放牛打架和殺牛祭祖的傳統。[14]這既是鼓社節的來歷,也是苗族鬥牛的來歷。鬥牛既愉悅人的身心,又很好地展示了苗族勇敢熱烈的精神面貌,表現了苗族人民對生命、對力量的嚮往。

鬥牛是為了顯示主人家飼養的精心，預示著收成的大好。隨著經濟社會的發展，水牛使用減少，鬥牛這一活動也隨之減少，與其他文化活動一樣，處於尷尬境地。鬥牛活動是苗族文化很重要的組成部分，鬥牛活動的消失很大程度上是對牛崇拜的衝擊，是對苗族文化很大的傷害。但是，另一方面牛耕的減少，機械的大量使用是農業發展的大趨勢，如何做好鬥牛文化的傳承需要我們認真思考。同時，對開發旅遊等商業化形式也應加強管理和有效控制。

圖 7　九擺鼓樓碑文

此外，牛角酒也是苗族一大特色，牛角與苗寨自制的土酒極為相配。當牛死去時，苗家人特別感到痛心。為紀念它，人們就把它的角鋸下來，製成酒杯。逢年過節，人們用牛角飲酒表示對牛的尊重。當客人來家做客時，用

牛角杯敬酒，表示對客人的信任、尊重和愛戴。苗族「牛角酒」由此而來。[15]調研團成員在調研反排苗寨的時候，充分感受到了苗家人對客人的熱情招待和對土酒的自豪。寨口有身著盛裝的苗家姑娘迎接我們，手中拿著酒壺和牛角杯，只有喝下她們手中的酒才能進入苗寨。事先有朋友已經告知，如果不勝酒力，就不要用雙手接過牛角，只需抿一口表示尊重和感謝。如果雙手接過了牛角，那麼就必須飲完整個牛角杯的米酒，因為苗家人會視你為喝酒的好手，並在一旁唱祝酒歌哄笑勸酒。蘆笙吹得自然響亮，人們歡笑連連，寨頭一派和諧場面。

三、苗族與其他民族的牛崇拜

在建築方面，佤族人的牛角椿首先代表牛，剽牛時牛被拴在牛角椿上，被認為是附上了牛的靈魂，而且永遠插在房主人看來最神聖、最重要的住宅東面，主火塘旁的空地上供奉，他們把它當作牛的本相來崇拜。苗家的圖騰柱佈滿帶角牛頭骨與佤族人的牛角椿相似。

在服飾上，與苗族婦女頭上的大牛角銀飾有異曲同工之妙的是黔南的布依族婦女，她們的頭上包裹著尖角往左右延伸的青底花格帕、紫青色帕或素色白帕，形狀恰似兩只「水牛角」，故稱「牛角帕」。相傳是為了紀念吃紅花後變為天牛，救出被洪水圍困的父兄姐妹的布依姑娘阿小。[16]而傣族人民因為對牛的崇敬，把自己打扮得像水牛一樣沒有門牙，從而有了漆齒。

在舞蹈方面，佤族的剽牛舞分為兩種：群眾性圓舞和男性二人舞。群眾性圓舞是參與人數較多的舞蹈，邊唱邊跳，唱詞為《剽牛歌》：

司崗洞口蓋著巨芒，是小米雀啄開巨芒，我們才從司崗裡來。為感謝小米雀的恩情，我們剽牛來祭祀，求祈村寨平安穀物豐收。[17]

還有一種參與人數較少，一般為兩個男性，一個吹葫蘆笙，另一個左手端竹筒，右手揮舞長矛。剽牛舞與苗族的反排鬥牛舞都是歌舞結合，載歌載舞。

在節日習俗上，黎族在三月、七月、十月這三個月，牛主人都要給牛喝用牛魂石泡過的酒。牛魂石是黎族每戶人家都會有的一塊石頭，甚為珍視。在牛喝酒的時候，主人手拿一劍口唸咒語，在儀式完成後需要把牛送進深山。牛與喪葬文化聯繫密切，和苗族的牛皮鼓、敲牛舞有著相似之處，牛指引著死人的靈魂去尋找祖先。壯族的家中如有老人去世，親人來弔唁時必須帶一對演奏樂舞和武術的人進行表演。其中有個舞蹈叫「龍雅歪」，即牛頭舞（直譯為母牛耍舞），演員4人，兩人戴牛頭面具，披布制牛衣；一人戴笑頭寶寶面具，演吃牛者；一人戴猴臉面具，專演滑稽搞笑。在表演過程中，喪家不時給「牛」撒些穀草，表示恭敬和感激。「龍雅歪」面具用竹篾扎制骨架，用紙裱糊後彩繪再刷清漆，造型與其他不同。兩隻牛角間還有一只尖角，雙眼鑲嵌玻璃，兩個碩大的鼻孔，張口吐舌，令人感覺頗具神性。[18]哈尼族老人去世後，其親人朋友都要在牛前哭泣，直到牛糞出現為止，隨後對牛糞進行保存，表明老人給年輕一代留下了東西。

在牛崇拜上，很多少數民族都有相似之處，牛一般與祭祖、喪葬等事宜相關，是農耕民族的歷史標籤。苗族相對於其他民族的牛崇拜來說，表現形式更豐富，由一種牛圖騰的文化上升到精神層面，形成一種世界觀人生觀價值觀，形成自己獨特的哲學體系。

四、牛文化的逐漸消退以及思考

牛文化作為中華民族文化遺產的一部分，已經漸漸被人遺忘，特別是年輕一代，牛文化的傳承正面臨著巨大的衝擊，下面將對牛文化變化與消退的原因進行分析，並提出牛文化傳承的保護措施。

旅遊景點的過度開發導致牛文化的變化。為了迎合旅遊市場的需求，為了吸引更多遊客的注意，苗族的牛文化正在逐漸變味。比如鼓藏節時，出現應記者要求擺拍的現象。就這樣，一個祭祀本支族列祖列宗神靈的大典，改變了它的存在意義。隨著越來越多人的參與，鼓藏節日益淪為一個人多熱鬧的聚會而已了。

社會生產力的發展導致牛文化的消退。牛文化根植於農耕文明，現代化機械裝備在農業耕作上的運用，直接取代了水牛。水牛的減少使得牛崇拜的實體被剝奪，更多保存在苗族人民的一些儀式、節慶上。經濟的發展使得苗寨中的很多青年人外出務工，在一定程度上打破了原先封閉的狀態，外來事物對苗寨的衝擊很大。在走訪的過程中，筆者發現有些小孩子也是拿著手機玩遊戲，詢問他們對牛有什麼看法，紛紛表現出對牛並沒有太深厚的情感。反觀對老人的採訪，會感受到一種感恩之心。

牛文化的經濟價值導致牛文化的消退。宰殺牛祭祀對苗家人民來說是極大的一筆開支，隨著習俗味道的減弱，一些與牛相關的習俗也開始淡出生活。牛崇拜是一種精神信仰，由於缺乏經濟價值，導致了牛文化的消退。

為了保留牛文化的原汁原味，我們應採取相應的措施。對待非遺文化工作需要創新載體、深挖廣集；突出特色、弘揚傳統；加強保護、傳承再現；以點試行、校園傳承；文物保護工作需要有序進行。[19] 同時，我們要大力開展與牛文化相關的群眾文化和民俗節日活動。從經濟上給予資金支持，從政府層面給予政策支持，從民眾心理層面樹立更強的民族認同感和自豪感，對外宣傳上利用獨特的牛崇拜文化去宣傳苗族。

五、小結

苗族是一個非常典型的農耕民族，農業生產是他們生存的根本。苗族人民對農業生產和祈求豐收非常重視，在長期的勞作生活中意識到牛與他們生產生活息息相關。在各種民間傳說中，牛都扮演了很重要的角色，苗族人民生活的方方面面皆受到牛崇拜的影響，充分體現了苗家的民族特色，具體表現在建築、剪紙刺繡與服飾、歌舞、節日習俗等方面。吃鼓藏（殺牛祭祀）是苗族很有特點的一項祭祀儀式，這與牛崇拜似乎出現了衝突，但實則不然。筆者認為，祭祖殺牛是對牛的一種讚賞，也是牛崇拜的表現形式之一，而牛可以用來祭祀也加強了牛崇拜，兩者是相互促進的關係。在臺江縣，筆者實地走訪了反排苗寨、交汪村、九擺村、南刀寨、施洞鎮等原始純粹的苗寨，雖然村民們對牛崇拜的心理是普遍的，但是也存在特殊性。不同村落對牛崇

五、小結

拜的表現形式有差異，不同年齡段的苗族人民對牛的崇敬感也是不相同的，普遍是老人對牛有更深厚的情感。

對牛與苗族人民關係的探索可以找出苗族人民的精神氣質，牛文化是苗族文化極其重要的組成部分，對牛文化的研究可以進一步促進苗族文化的研究和發展。

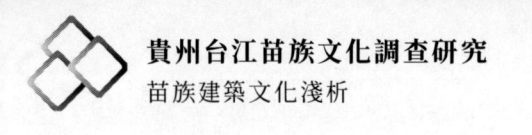

苗族建築文化淺析

周恩澤

　　摘要：衣食住行，無論是對於個人、家庭或是一個族群而言，都是最為基本的要素。自我們研究者的角度出發，苗族建築的結構、形式、特色、歷史沿革，皆可算是苗族文化歷經數千年風雨洗刷消磨，在這個時代所呈現出的一個縮影，我們能夠從中窺見那些平和抑或紛亂的時光裡留下的些許蛛絲馬跡，但終究難以窺見歷史的全貌。而從臺江本地居民的視角來看，這些木樓、石屋、磚房乃至鋼筋混凝土建築，都僅僅是自己日常生活的一部分，再平常也不過，其中夾雜了多少實用性的考慮，牽扯了多少情感羈絆，又有多少是出於傳統的習慣，或許連他們本人也未必算得清。對這片從靜謐逐漸步入喧囂的土地來說，我們終究只是過客，數日短暫的停留走訪，留下的大多是驚鴻一瞥的粗淺印象，以及包含想像的疑問與猜測。在查閱了相關的文獻資料之後，這些破碎殘缺的片段才在腦海中組合成一個大致完整的輪廓，在此處將自己的見聞與理解寫下，希望能為苗族文化的研究做出貢獻。

　　關鍵詞：苗族建築；吊腳樓；苗族；

（一）苗族建築瑰寶——吊腳樓

　　8月上旬，我們一行人來到臺江，最初見到的是一個已經頗具現代化氣息的小縣城，這裡的建築已經很難看出苗族本地的特色，除了刻意凸顯農家氣息的飯店，以及我們在酒店對面所見到的地質博物館之外，幾乎很少看到木結構建築。次日我們按照調研計劃前往當地具有代表性的村落的時候，才得以看到保存完好的苗族傳統建築，尤其是其中特色鮮明的吊腳樓，給我們留下了深刻的印象。

　　當地民眾之所以使用吊腳樓這樣的建築方式，有一部分是出於對氣候原因的考慮。臺江縣地處雲貴高原東部苗嶺主峰雷公山北麓、清水江中游南岸，其間有平緩宜居的河灘平地，亦不乏奇詭的高山陡坡，總體氣候溫和濕潤，森林覆蓋率高達55%，可以說是個適宜居住的地方，也可以說不是。在臺江

貴州台江苗族文化調查研究
苗族建築文化淺析

逗留的這幾天，最令我們印象深刻的就是這裡的天氣，幾乎每一天都會下雨，幾乎每一天都有雷電黃色預警的提醒，即使是不下雨的日子，氤氳的濕氣也揮之不去，晾著的衣服一兩天之內都沒有晾乾的可能，不是梅雨季，卻勝似梅雨。不僅僅是我們這些遠道而來的旅人無法適應臺江的氣候，當地的居民們也不得不面對潮濕天氣所帶來的困擾。人類對各種氣候環境的適應力是其他物種所無法比擬的，無論是接近南北兩極的極寒之地，還是赤道附近的沙漠和雨林，都不足以成為人類生存延續的阻礙，但是我們的這種適應力並不是建立在能夠無視溫度、濕度等因素的強大體格的基礎之上，而是依託於我們利用和改造環境本身的能力。在這樣陰雨連綿、潮濕多霧的環境下，磚石結構的建築不宜供人居住，尤其是底層地氣極重，住在其中的人很容易得病。（當地的苗族民眾愛吃辣、愛喝酒、愛吃姜，有一部分原因也是為了抵禦濕寒之氣。）所以住在這裡的居民便因地取材，用山上的樹木、茅草、木條、竹子、紅白藤等建造木結構的樓房，這樣的屋子通風良好，室內環境相對乾燥清爽。而底層往往作為儲存木材、蓄養家畜的場所，當然，也有一些採光、通風都較好的地方，不用太過擔心濕寒入侵的問題，可以直接將底層作為供人居住活動的房間。（比如我們去調研時所見到的黃書記的家。）在大多數吊腳樓中，中層往往是用來生活和休息的臥室，設置在吊腳樓的外側，遠離地面，採光和通風狀況都相對較好。最頂層的閣樓則一般是用來儲藏一些需要乾燥環境的物品。

另一部分原因則是由於地理環境的限制。臺江地處雲貴高原之上，平均海拔 717.5 米，最高海拔 1980 米，除了縣城所在地、施洞鎮等少數地處河邊平緩地帶的地方外，大多數村落都位於高寒山區，山高坡陡，導致地基的平整和開挖極不容易。因而勤勞而富有智慧的臺江人民在將吊腳樓建在斜坡上時，依據地勢把地面大致削成一個「廠」字形的土臺。由於頂部平整土臺的面積太小，不足以支撐樓體的重量，所以他們又在土臺下（即「廠」字的一側）架上長木柱，用以替代原本起支撐作用的地基，並且按照土臺高度的不同取其中一段裝上與土臺平行的穿枋和橫樑，構成三角形穩定這一部分的結構。這樣，地形的限制就不再成為建造房屋的阻礙。只是這樣的建造方式也就意味著苗寨的民居只能以木結構為主，並且，吊腳樓的分佈也隨著地勢

(一) 苗族建築瑰寶——吊腳樓

的起伏而互相錯開，鮮有平原地區那樣房屋分佈密集、整齊的情況。吊腳樓大多背對山坡，面向河流或人為開挖的水渠，方便起居。這些設計起初都是源於實用性的考慮，在後來的村落發展中，又衍生出建築藝術和美學意義上的文化意蘊。它所帶來的不僅僅是民居錯落分佈的層次感，更是村落與山形、水勢融合無間的「天人合一」之境，這是我們在幾乎每一寸土地都被規劃、被利用的平原聚居地區很難感受到的意境。或許有的時候自然環境的限制未嘗不是另一種和諧的契機，在「天」與「人」的關係中，任何一方過於強勢都不是好事。

　　苗族吊腳樓的建築形式起源於新石器時代的干欄式建築。這種緣起和繼承關係，一方面是由於自然環境上的相似性，吊腳樓與干欄式建築一樣，都是為了應對潮濕多雨的環境，而這樣的環境條件下往往樹木繁茂，方便就地取材，故而建築都以木結構為主；另一方面則是由於苗族在數千年的遷徙過程中，仍然保留了部分以往的習俗與文化，這一點不僅體現在吊腳樓的建築形式上，同時也隱藏在民居內部的某些細節之中。吊腳樓在整體的建築結構上相當大程度地繼承了干欄式建築的特點，以穿鬥式結構為主，這種結構有兩個主要特徵：一是以數目眾多的立柱來支撐屋面的重量，不需要依賴主梁或是承重牆，相應地，樓體對每一根立柱的徑粗都沒有太大的要求，減少了選材和處理的難度，並在立柱之間以穿枋相互連接，確保房屋結構的穩定。二是房屋各部分之間都採用木榫接的方式進行銜接和固定，方便拆解、搬運和重組。作為一種早已發展成熟的木結構建築，苗族吊腳樓在具體構造和修建方式上都已經形成一個大致的標準，當然，由於自然環境和屋主經濟條件的不同，在許多細節方面必然會有所差異，尤其是在臺江日益走向現代化的當下，在吊腳樓的修建和裝飾過程中也不可避免地融入一些現代建築的元素。即使是在那些遠離縣城的偏遠苗寨中，我們也不時會見到玻璃窗戶、紅磚房等與吊腳樓風格截然不同的存在。

貴州台江苗族文化調查研究
苗族建築文化淺析

圖 1　苗族建築一角

　　在臺江進行調研的這段日子裡，我們對吊腳樓的大致情況有了一個粗略的瞭解。木結構建築雖然看起來似乎不如磚石結構建築那麼堅實耐用，但事實上，只要使用的木料合適，木結構樓房一樣可以保存很多年，我們在臺江就見到不少百年以上的苗族吊腳樓，儘管仍然無法與那些歷史悠久的名勝古蹟相媲美，但作為普通的民居建築，尤其是在偏遠落後的小村落總，能夠留存如此之久，已經很不容易了。木結構的建築與磚石結構相比，最大的問題在於怕火，一點火星就可能使一座乃至一片吊腳樓毀於一旦。所以臺江非常重視消防安全，我們所居住的酒店房間裡就有用於火災逃生的安全繩。也有

一些比較年輕的苗族因為這一點放棄了傳統的吊腳樓,而選擇現代化的磚瓦房。

苗族吊腳樓所處的境遇是尷尬的,因為時至今日,它所要面對的已經不僅僅是磚石結構建築的競爭,而是鋼筋水泥這種新式建築的競爭,無論是從防火性能還是耐用程度來說,吊腳樓都沒有任何優勢可言,但吊腳樓本身所具有的特色和文化意蘊卻也恰恰是臺江在後續發展中所無法拋卻的,只可惜,由於臺江在過去未曾發展到相當繁榮輝煌的程度,吊腳樓也未能從實用性的民居昇華為精緻、絢爛的建築藝術,故而它能為臺江的發展提供的幫助終究有限。就如跟我們在走訪苗寨時所見到的那樣,大多數吊腳樓都相當的原始而粗糙,沒有透過各種處理、修飾而變得光可鑒人,也很少有對聯之類的裝飾物,並且往往在風雨和日光的侵蝕下變得黯淡陳舊。儘管我們將它視為苗族建築中的瑰寶,但我們也不得不承認,它是脆弱的,雖然已經趨於成熟,卻並未達到極致。

書法家老先生的家、毛師傅的家,以及我們後來去的黃書記的家,三者雖然都是吊腳樓,但在規模、結構、內部陳設、出入口方面都有所區別。毛師傅的家所處的地方坡度最為平緩,入口也好,外觀也好,都與普通的房屋比較接近。書法家老先生的家所在之處坡度最陡,從入口而上要經過狹窄的樓梯和走道,頗有峰迴路轉之感。黃書記的家最有現代化的感覺,入口為凹式,一面靠山,一面正對著田野,通風良好,風景優美。「吊腳樓的入口處理手法多樣,豐富有趣。主要形式有凸式、凹式、平式、懸挑等幾類,皆因地勢條件而定」。[20] 所以說,如果真要領略苗族吊腳樓的特色,僅僅透過文字敘述和圖片展示是不夠的,必須透過實地考察遊覽,才能發現那些體現於細微之處的魅力,才能體會到苗族吊腳樓建築藝術依山而建、因地制宜的巧妙。

(二) 苗族建築中的歷史與人文

吊腳樓作為分析苗族建築文化的一個樣本,也是其中最具代表性的一部分。它的緣起存滅無不與當地的自然環境與習俗文化息息相關。或者說,它

的「存在」本身就依託於涵蓋這些要素的意義系統，離開了這個意義系統，它就只是一個或者一些孤立的建築物。苗族千百年的風俗文化賦予了吊腳樓超乎尋常的意義，而相應地，在臺江受現代化大潮影響的這些年間，吊腳樓所具備的文化意蘊也隨之走向衰亡。

建築是歷史的縮影，也是生活的寫照。它們之間的關聯可以見於歷史文獻和文學作品，但又遠在這些之外。苗族最令人印象深刻的一點在於它不斷遷徙的歷史。與已經在數千年傳承和民族融合、文化交流中變得包容複雜的漢族相比，苗族無疑要單純得多，直至現在，這個古老的民族依然在某些方面保持著自己鮮明的特色，在服飾方面如是，在建築方面亦如是。這些特色有一部分是源於苗族在過去幾千年的長途遷徙——從華東到中原，從中原到中南，再從中南到西南，苗族的足跡遍佈大半個中國，更有一部分族人遷徙至東南亞，最後走向西方，使得苗族最終成為一個世界性的民族。無怪乎澳大利亞民族學家格迪斯在《山地移民》一書中說：「世界上有兩個苦難深重而又頑強不息的民族，他們是中國的苗族和分佈在世界各地的猶太族。」在深入瞭解它之前，很難想像，這個我們陌生而又熟悉的族群會有如此坎坷的過去，畢竟我們在平常所接觸到的與苗族有關的訊息大多只是浮於表面，或者只是另有目的的商業宣傳。我們無法斷言這些訊息之中究竟有多少是不足採信的，但它們終究沒有觸及這個民族最深刻的靈魂。

我們在臺江調研的這段日子，發現苗族建築在自己的民族特色之外，亦有一些源自中原等地區的元素混雜其中——例如雕有龍、鳳、麒麟、梅花鹿等的精美窗花。我們在排羊鄉九擺村所見到的苗族鼓樓，以及某座吊腳樓屋脊之上不知名的瑞獸。四合院的建築形式也不像是由當地自然發展而來的。這些種種似乎都表明苗族的建築文化並非我們所見的那般簡單，在其表象之下也許另有玄機。在查閱了相關資料之後，我們驚訝地發現了一些之前不被我們所瞭解的事實。我們慣常以為苗族不過是個久居化外之地的少數民族，這樣的印像在很大程度上要歸結於西南地區的貧窮與落後，以及我們對自己所不瞭解的地方的先入為主的偏見。事實上，整個黔東南苗族侗族自治州乃至整個西南地區的苗族，都是自我們東部遷徙過去的，在某種意義上來說，我們與他們並沒有什麼區別。盛襄子在《湖南苗史述略‧三苗考》中說：「《說

(二) 苗族建築中的歷史與人文

文》苗，草生於田者曰苗，凡草初生亦曰苗。故知古人稱南方土著人民為苗，實顯該族能耕易耨，戮力農事，以農業為生活之根本，與我上古遊牧之漢族不同，並無何種輕侮之意存乎其間。後學不察，輒以苗字同乎蠻狄。而苗人自身亦諱言苗，實謬見也。吾人根據古史之記載，此族為中國之古土著民族，曾建國曰苗……因彼等生性保守，缺乏政治意識，故屢為漢族所敗。」[21] 作為中國最古老的土著民族之一，苗族發祥於中國三江流域（長江、黃河和淮河）的入海處，即東海、黃海、渤海灣岸邊的浙江、江蘇、上海和山東的沿海一帶。後來又擴展到安徽、江西、湖北和河南。大約在6000多年前，他們北渡黃河，挺進中原，其勢力擴展到河北、山西全境，並形成了名曰「九黎」的部落大聯盟，蚩尤為其大酋長。在與炎黃部落交戰慘敗之後，「九黎」餘部南遷至長江流域，經過幾百年的發展建立起一個新的部落聯盟——「三苗」，最後雖然被大禹所滅，三苗集團中的眾多氏族部落卻改頭換面保存了下來，形成後來的「荊楚」聯盟。秦國滅楚國之後，「荊楚」後裔被迫流向武陵、五溪地區，由於起義鬥爭不斷，朝廷不斷向武陵、五溪地區用兵，迫使他們遷往貴州、四川和雲南。臺江當地的苗族便是那個時候遷徙而來的。

苗族建築藝術的許多內容便是在這幾次遷徙過程中繼承下來，並一直使用到現在的，尤其是作為臺江等地區代表性建築的吊腳樓。遷徙一方面對於族群而言意味著苦難，每一次的遷徙都會有人在途中死去，致使好不容易積累起來的人口不同程度地縮水，每一次遷徙都會有大量的文明成果在遷徙過程中遺失，有些東西要推倒重來，有些東西則從此徹底失傳，嚴重者甚至導致一段時間的發展推倒重來。另一方面，它又意味著族群的延續。苗族在幾千年的遷徙過程中遭受了無數的艱難困苦，國破家亡、流離失所、生離死別，最後還不得不在西南偏遠之地生根定居。然而這幾次的遷徙終究還是為他們換來了喘息的機會，他們在這個相對封閉的地方發展著自己的部族和文明，雖然仍然時不時會有紛爭、戰亂（例如清朝強制推行「改土歸流」所引起的幾次苗民大起義），但是比起以往不斷被征伐、兵剿的時候，情況無疑要好得多了。

苗族的建築藝術就是在這樣的環境下，逐漸發展成熟，形成了自己的一套風格，也發展出了獨特的建築文化。「從造型上看，苗族吊腳樓是長方形

貴州台江苗族文化調查研究
苗族建築文化淺析

和三角形的組合，是比較穩定而莊重的幾何形體。這種形體，既表現出一種典雅靈秀，又表現出一種挺拔勁健。從虛實對比關係來看，底層、頂層比較虛，中間比較實，虛實結合，相得益彰。在用材方面，吊腳樓以木材為主要建材，工匠們充分掌握這些建材的特性，找出與之相適應的建築方式和裝飾方法，從上到下，基礎石塊築臺，圓木用作構架，底層木柵圍護，樓層壁板封牆，小塊青瓦覆蓋，材料由粗而細，由重而輕，由天然而人工，變化自然，宛如天成。這種純正自然的美，充分體現了山地民族建築文化的特徵。」[22] 苗族吊腳樓的美感在於其簡潔有力的構造，也在於其依山傍水、因勢而建的建築方式所體現的「天人合一」的意境。對於比較熟悉中國傳統文化的人而言，後者或許比前者要容易理解得多。人與自然的和諧向來是我們的追求，無論是在建築方面，還是在生活方面。只是在現代化的城市中，這種和諧往往難以實現。鋼筋水泥的森林，千篇一律的樓房樣式，儘管也有自己的美感，但終究有違「天人合一」之道。

　　苗族的建築文化與他們的宗教文化有著緊密的關聯。關於苗族，向來不缺少各種離奇古怪的傳說，其中與鬼怪、巫蠱相關的故事最多。我們在臺江進行調研的時候，也向帶領我們遊覽苗寨的嚮導以及當地的領導、居民瞭解了相關的事情。每次問及蠱毒之術，他們要麼一口否認，要麼諱莫如深、顧左右而言他。但說到鬼怪奇談和巫醫占卜，他們倒是相當乾脆，還帶我們去採訪之前所提到的毛師傅。巫師在苗寨之中所扮演的角色，不僅僅是代替醫生為人們治病，同時也要在涉及建屋造樓、婚喪嫁娶等重要事項時為村民舉行儀式，以求心安。我們在各個苗寨調研的時候，並沒有見到正在準備造房子的人，所以也無緣目睹「鬼師」舉行儀式，毛師傅也沒有向我們透露具體的咒語（即使說了我們也聽不懂），倒是看見有許多苗民聚在一起為某戶人家的孩子考上大學而慶祝。聽嚮導說，如果有人造房子，村裡的人們無論是否與之相熟，都會自發地捐出錢來，幫助他把房子建起來。畢竟要造上這麼一座吊腳樓，花費要在 4 萬元左右，並不便宜。

　　新建房屋所要舉行的儀式主要分為兩個部分，第一個部分是占卜問吉，在選址、動工之前，要先透過占卜檢驗這個地方是否適宜建屋和居住。方法主要有兩種：一是「植物卜」，即在擬定建造房屋的地基上事先種上花草樹木，

如果種上的植物枯死，就表示這塊土地並不宜居，反之則是塊風水寶地；二是「米卜」，即在動工之前在選好的地基上挖下一塊雞蛋大小的泥土，碾碎之後與酒麴、糯米飯混合，攪拌均勻，進行密封，釀成甜酒，一般日期是10天，10天之後挖出來品嚐，如果酒質香甜可口，就表示這塊地基是大吉之地，可以新建房屋；如果酒沒有釀好甚至發霉變質，就表示這塊地基是大凶之地，必須立即放棄，重新選址。第二個部分則是驅邪祈福。即使透過占卜測出這塊地基是吉祥宜居之地，也不能馬上開土動工，而是要先準備雞、米、魚、肉等供品，點上蠟燭和香火，請「鬼師」請求神靈、祖先的許可和庇佑，然後唸咒驅鬼，燒紙錢，以白米畫線，沿線以牛犁「動土」，作為人鬼分界，才能安心開工，建屋造樓。可以想見的是，這些儀式即使得以保留下來，也已經隨著人們越來越為現代文明所吸引而逐漸簡化。

　　苗族建築文化同時也與他們的祖先崇拜、圖騰崇拜密切相關，帶有一點宗教色彩，但對他們來說，則是生活的一部分。生活的樸素和艱苦驅使他們向祖先和自然的神秘性尋求精神上慰藉與依託。在苗族的宗教文化裡，對水牛的崇拜、對鳥圖騰的崇拜、對祖先的祭祀，都是無法割捨的內容，這一點也體現在他們的建築文化之中。苗族將楓樹作為聖樹，吊腳樓的中柱一定要使用楓木，以作為先祖魂靈的棲息之所，甚至楓樹本身就像徵著先祖的靈魂。對先祖天然的親切感使得苗族人民能安心地居住在吊腳樓中，水牛和鳥的圖騰則是與先祖一起作為庇佑者而存在，護衛著這片安詳靜謐的生存空間。

　　我們在臺江縣九擺村調研的時候，先是去拜訪了當地的一位書法家，在他的家裡我們第一次得以窺見苗族吊腳樓的內部陳設。在祭祀神靈、先祖的地方放有三個白色的剪紙小人，不知道代表的是什麼。從堂屋出去，走過走廊，一側有放著床的房間，看起來似乎是老先生睡覺的地方，再往外則是門，門外只有幾塊木板可供踩踏，下面是凌空的，門兩邊掛著辣椒等東西，正對著門的是一棵參天大樹。

　　在向上攀登，路過各戶人家的路途中，我們看到了他們養在家門口水渠中的家禽和隨處可見的白色家犬，當然還有正在洗衣服的大媽，其中一位還

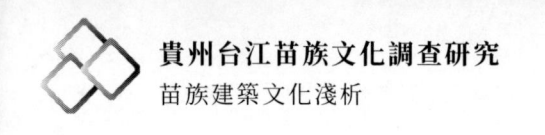

邀請我們去喝酒。這樣的短暫停留只能讓我們瞭解到他們生活的一些小片段，但也足以讓我們體會到他們簡單、樸素、自得其樂的生活基調。

對於還未完全捲入現代化浪潮的大部分臺江苗族人民而言，吊腳樓就是他們最重要的生活場所，這裡寄寓了他們的藝術追求，也暗含著他們的生命意趣。再如何簡單、貧困的生活，也可以活出自己的風采。在苗族百姓的心目中，吊腳樓早已不僅僅是一個房子，它與苗族服飾、苗族古歌、傳統歌舞以及龍舟節、姊妹節、舞龍噓花節等傳統節日一起，構成苗族文化最重要的部分。他們生於斯，長於斯，可以說，這就是他們寄託自己靈魂的所在。

只可惜等我們來到臺江的時候，待在吊腳樓之中的大多只剩下上了年紀的老人，年輕的女性幾乎全都去了外地發展，留在當地的年輕男性雖然要多一些，但也多半建起了磚房作為居所，而不再住在傳統的吊腳樓之中。一家人在吊腳樓之中其樂融融生活的場景已經不復可見，苗族的建築文化正隨著現代化的侵襲而遭受衝擊。或許到最後，吊腳樓將僅僅是一種建築景觀，那些節日活動、那些習俗文化，都變成只能在口頭講述和書面記載中見到的傳說。

(三) 吊腳樓的文化保護

在這一部分我們將涉及三個問題，一是吊腳樓的保護，二是臺江經濟的發展，三是吊腳樓本身的不足。我們所試圖證明的是，這三者之間雖然存在著一定程度的相互矛盾，但如果處理得當，也未嘗不能從中找出一條合適的解決路徑。

在開始正式的調研之前，臺江縣領導曾經給我們觀看過一個宣傳視頻。令我們感到震驚的不僅僅是視頻中的美麗景觀，更是這個視頻精良的製作水準。作為一個以旅遊業為支柱產業的地方（至少是在未來相當長一段時間內），臺江在宣傳上所做的工作的確令人嘆為觀止，而對吊腳樓的保護顯然是臺江在目前階段不會重點對待的項目。並且，以臺江目前的經濟發展水平而言，也無力在這一方面投入大量的資源和人力。

（三）吊腳樓的文化保護

　　在理想的狀況下，對吊腳樓的保護應當也包括對其所包含的文化意蘊的保護。儘管我們不能奢求為此保留下一個幾乎完全符合傳統生活方式的村落，以保存這種文化現象的原貌（或許目前我們仍然來得及做到這一點，但我們也無權為了保護文化遺產而讓一部分人回到古老的生活方式中），但至少在這些現象完全消亡之前，我們需要對其進行足夠的探索和研究，以期能在文獻記載中儘可能地展現其原貌。

　　臺江融入現代化的速度越快，對原有文化環境的破壞速度也就越快。臺江縣城已經幾乎與一般的縣城沒有什麼區別，當地著名的施洞鎮也和普通的小城鎮相差無幾，除開那些製作和售賣銀飾、苗族服飾的店鋪，給人的感覺就像是在逛一條商業街，對那些不遠千里來到臺江想要一睹苗族特色風情的人來說，這無疑是令人失望的。幸好有些發展程度不高的苗寨仍然較好地保留了原初的景觀特色，才致使這次調研能有喜人的收穫。

　　當然，這種失望與期望或許並不恰當。我們不能僅僅因為期望保護吊腳樓及其相關的文化，就阻擋臺江人民追求更好生活的步伐。這就是吊腳樓保護和經濟發展之間相矛盾的地方。

　　吊腳樓是一種建築形式，而非一個單獨的建築物，這就意味著對它的保護要在更大的時間和空間範圍內來展開。而大多數吊腳樓在建造之初並沒有考慮要使用上百年，即使沒有人為的破壞，也會隨著時間的流逝和風吹日曬而逐漸老化，難以長久地留存，尤其是在潮濕多雨的環境下，吊腳樓的使用年限會大大縮短。並且，臺江的吊腳樓作為一種建築景觀本就與苗寨密不可分，這些吊腳樓分佈在各個苗寨村落之中，與當地的自然環境和居民生活融為一體，一旦剝離出來，就可能喪失一大部分的美感與文化意蘊，不可不慎。

　　解決這些問題的契機在於，吊腳樓本身正是發展臺江經濟最重要的旅遊資源之一。保護吊腳樓並不是純粹地支出而沒有收益，恰恰相反，由於吊腳樓自身所存在的各種不足，只有將它保護好了，才能實現更好地開發。對於外來的遊客而言，與吊腳樓有關的一切都是陌生而新鮮的，因此，換個角度來想，吊腳樓的保護也未嘗不可納入旅遊業之中，成為吸引遊客、發展經濟的一部分。例如，讓遊客近距離接觸吊腳樓的修建和維護過程，這是吊腳樓

所具有的獨特優勢之一，它並不僅僅只是從歷史上留存下來的文化遺產，更是存在後續發展空間的現存文化景觀。換句話說，不同於那些已經無法再現其修建過程的遺蹟，我們將有機會瞭解到面前的吊腳樓是怎樣從樹木變成一座獨具特色的建築，而不是僅僅侷限於書面的瞭解。相信那些對吊腳樓抱著好奇心和熱愛之情的遊客一定不會介意花錢來買上一張門票。此外，還可以建造一些精緻的吊腳樓拍賣給來此避暑渡假的遊客，這些吊腳樓本身也將成為吊腳樓景觀的一部分，讓吊腳樓營造藝術的繼承人有更多的機會和資金支撐來鍛鍊和提升他們的能力。甚至還能將之擴展到慈善事業，呼籲人們一同參與到吊腳樓的保護之中。又或者，可以讓遊客參與吊腳樓營造藝術的傳承事業，從中獲得支持這一事業的資金，確保這一藝術能在公眾的關注下一直傳承下去，而不是為人們所忽略乃至失傳。吊腳樓營造藝術與許多其他非物質文化遺產一樣，需要培養自己的代表性傳承人。只可惜我們這次在臺江調研的時候只見到了苗族銀飾工藝的非遺傳承人，事實上，吊腳樓營造藝術的文化傳承人也寥寥無幾，事實上，在2012年9月4日正式公佈的100名第二批州級非物質文化遺產項目代表性傳承人中，只有唐炳武先生一人是苗族吊腳樓營造藝術的傳承人。[23] 為瞭解決吊腳樓營造技藝缺少繼承者的問題，我們需要將之與旅遊業的發展結合在一起，為技藝的傳承注入更多的活力。

這當然不是最理想的措施，將吊腳樓的保護與旅遊業的發展結合在一起固然可以攤平吊腳樓的保護成本，將保護事業公開化，置於公眾的監管之下，卻也同時使其與發展旅遊業的各種利益考量糾葛在一起，很難保證不會在後續的進展中偏離原軌，因而需要將這些措施寫入文化遺產保護的相關法律之中。在這方面，我們或許需要借鑑國外的經驗。

這樣的策略雖然可以在一定程度上解決資金緊張的問題，但卻也要同時面對另一個問題，那就是我們需要足夠多的人才來實行這一策略，不僅現在的臺江顯然缺乏這樣的人才，甚至國內大多數地方都缺少願意參與文化遺產保護事業的人才。歸根結底，還是由於國內在各方面的發展都不足，沒有積累足夠的資源尤其是教育資源和人才資源來滿足各項事業的要求。這是我們所無法決定的，我們只能等待所需的條件隨著社會的發展而漸趨成熟，或者期望國家政策的傾斜來加速這一進程。

苗族女性形象探究

畢聖雪

摘要：本文首先由苗族創世女神——蝴蝶媽媽的傳說引入對女性以及蝴蝶這一價值符號的思考。之後詳細介紹了遊方、姊妹節以及踩鼓這些多彩多樣的婚戀形式中，女性的自主權的問題。最後，透過苗族理辭這一獨特的文學形式，窺視苗族女性在苗族文學中的地位及其合理性。

關鍵詞：苗族女性；蝴蝶媽媽；遊方；姊妹節；踩鼓；理辭

進入苗寨調研，苗族人民給筆者的印像是熱情好客的：他們用自家釀的米酒來招待遠方的客人，他們跳起熱情奔放的蘆笙舞歡迎來自五湖四海的朋友，他們拉起你的手邀請你到他的家裡做客……苗族人民是講義氣、團結的：遇到哪個家庭有婚喪嫁娶等事時，幾乎是全村出動，有錢出錢，有力出力，有米出米。苗族女性在大多數人的心目中，是美麗、樸實、善良的代表。也有人先天地認為在苗族的村落裡，苗族女性的地位是較高的，苗族女性擁有在一些事務上的絕對的話語權。可是，在一個男權社會中，傳統的思維禁錮下的苗族女性真的可以遺世獨立、活出自己嗎？傳統觀念裡苗族女性的婚戀真如我們想像般的那樣自由嗎？

一、蝴蝶媽媽的傳說

在到位於貴州黔東南的、號稱「天下苗族第一縣」的臺江縣進行調研時，在那些古老的村寨裡，在跟同行的人交流之時，會經常出現「蝴蝶媽媽」這個詞彙。這對先前並沒有接觸過這一概念的筆者來說，充滿了好奇和探究的興趣。從那些交談中，可以隱約窺探到，蝴蝶媽媽在苗族的文化傳統中應當是極其受到重視的，並且作為一種獨特的價值符號存在，影響著苗族人生活的方方面面。從字面上簡單來瞭解「蝴蝶媽媽」，這是一個開天闢地的、全苗族同胞的媽媽似的人物的存在。在鄉間田野裡，會很自然地注意到很多的蝴蝶飛舞。筆者本人雖說是成長在北方的農村，但對於蝴蝶來說，見到的次數是極少的，在為數不多的見面當中，也只有兩種類型的蝴蝶，一種是類似

貴州台江苗族文化調查研究
苗族女性形象探究

七星瓢蟲一樣顏色的蝴蝶，另一種是白色但又帶點黃色的蝴蝶。在苗族的村寨裡，見到的蝴蝶比在農村家鄉見到的，品種明顯不同，顏色是更加深沉的，大部分是全黑的顏色，個頭比之前見到的也要大上一倍左右，並且更加常見，幾乎在到達每一個村寨的時候，都會見到幾個飛舞的蝴蝶。那麼，到底是這種幾乎隨處可見的生物引發了苗族人民的創造力和想像力呢，還是本身存在的關於蝴蝶媽媽的傳說激發了他們對這種生物的好感，從而使「蝴蝶」在刺繡、銀飾等方面受到特殊的禮遇呢？

「妹」，苗語即為「媽媽」；「留」，苗語即為「蝴蝶」，「妹榜」，即蝴蝶媽媽，全稱「妹榜妹留」。在苗族的神話傳說裡，蝴蝶媽媽孕育在古楓樹中，蛀蟲王打開大門，讓她出來。楓樹根是她的伯母，楓樹梢是她的嬸娘，她們拿奶來喂她。她一生下來就喜歡吃魚。

蝴蝶媽媽在苗族人的心中，是創世女神一般的存在。蝴蝶媽媽不像南方壯族的創世女神米洛甲那樣捏泥造人，也不像北方滿族的創世女神阿布卡赫赫那樣三姐妹合力，揪自身之肉造人，而是與泡沫遊方（苗語，對歌戀愛）而婚配，後生下十二個蛋，由鶺宇鳥孵。鶺宇鳥歷盡千辛萬苦孵蛋十多年，終於在子時生人類衛護神尕哈，醜時生薑央，寅時生虎，卯時生雷公，辰時生龍，巳時生蛇。後來雷公等幾兄弟跟姜央相爭，姜央用火燒雷公逃上天，虎和蛇逃進山，龍逃下海，於是姜央得以安居。[24]

可以看出，苗族關於造人的傳說，是最接近現有的創造新生命的繁衍方式的。這樣的傳說究竟是本身缺乏創造力呢，還是反映了苗族同胞對於其他生物的生存繁衍的尊重呢？

漢族傳說中，是女媧創造了人類。在我們關於創造人類的神話傳說裡，擔當創世者角色的基本上都是女性。可是，這並不能說明在日後的發展過程中女性會獲得多大的優待。最簡單來說，女媧創造了人類，但是歷史的發展，還是無可避免地從母系社會向父系社會轉變，對女性的禁錮也日益加深。縱觀苗族發展的歷史進程，在筆者看來，值得推敲的是至今的苗族民眾對蝴蝶媽媽仍然存在著一種無法言說的崇敬之情。苗族每十三年一次的祭祖之年，由巫師在隆重、端肅的儀式上唱《妹榜妹留》（即《蝶母歌》），追念蝴蝶

一、蝴蝶媽媽的傳說

媽媽。至今，苗族的服飾、銀飾上，還有許多蝴蝶的形象，表現出「祈求始祖女神蝴蝶媽媽庇佑」的心態。在重大的儀式活動中，作為女性符號的蝴蝶圖式，往往成為溝通神靈與人類的載體。

　　蝴蝶圖案在苗族服飾、銀飾中的頻繁亮相，一定程度上說明了苗族人對蝴蝶的崇拜。當然，我們並不排除在如今市場經濟影響下，一些具有崇拜色彩的圖形符號和具有敘事功能的大篇幅圖像成為犧牲品，開始不管它們本身意義地投入大批生產之中。無可否認的是，蝴蝶圖案一直在黔東南苗族裝飾圖式中承擔著宗教圖像的敘事形式。古代苗族女性藝術家們常常借蝴蝶等裝飾圖式隱喻西王母的形象，從而發展為本民族的圖騰崇拜。[25] 從這個視野來觀察苗族女性的地位形象，我們可否認為，苗族女性的地位是受到大家尊崇的？苗族女性是擁有很大程度上的話語權的。圖 1 為苗族刺繡作品，場景式的刺繡作品中不乏蝴蝶的身影。

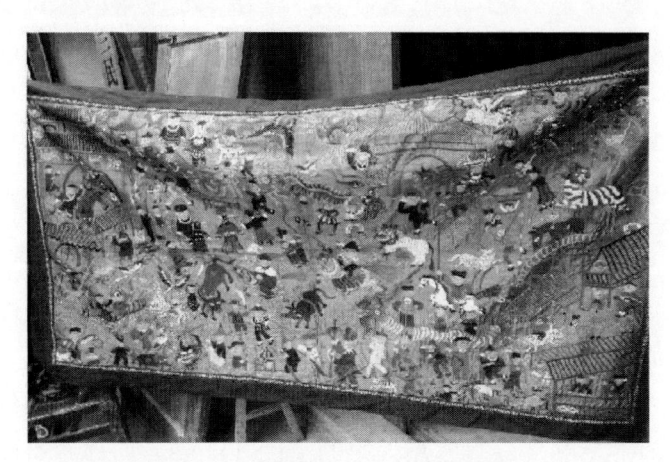

圖 1　苗族刺繡作品中的蝴蝶形象

　　凱里學院藝術學院的張丹，根據當代苗族女性藝術的發展現狀，將蝴蝶符號的指涉體系概括為以下幾點：第一，成為苗族女性的內心資源，她們逐漸從個人經驗及外來文化中獲取靈感，蝴蝶符號更具個人化特色和寫實性傾向。第二，蝴蝶符號在當代不代表政治、歷史和哲學這些主題，而飽含著對自然的、生命的、人性的溢美之情。第三，從古至今，蝴蝶符號始終是苗族女性傳統手工藝的話語方式。染、縫、編、織、繡的手工勞作，雖然已漸漸

89

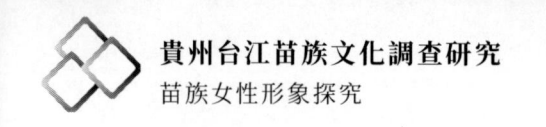

與在城市中生活的現代女性沒有關係，然而技藝的天然積澱，使它在當代轉換成女性特有的話語方式：她們用心智將一些十分生活化的材料觀念化、藝術化。[26] 今天苗族文化中的蝴蝶符號已經遠非是傳統文化意義上的功能指涉，但是我們仍可以看到其所承載的苗族文化的本土特色。

二、遊方

在上文中提到，蝴蝶媽媽創世是透過與泡沫遊方而婚配。遊方是指什麼呢？遊方是指在農閒時或者年節期間，晚飯過後，男青年們相約結隊到別的村寨玩耍。到村寨後，他們或吹口哨，或以木葉為笛，用自己獨特的方式吸引女性出來，一造成村寨的遊方場所，說說唱唱，一直到天亮。

眾所周知的是，苗族女性在婚姻上有很大的自主權，就像上面提到的遊方的結親方式。可是，遊方僅僅是提供了一個男女瞭解的固定場所，或者說把男女的瞭解方式和途徑固定在一個可知和可控的地方。不僅僅是有這樣的監督和限制，就算是有了心上人，也並不是說就一定可以在一起的。一般情況下，男女雙方有了心上人都會跟自己的家人報備一下，家裡人就會暗中調查對方是否有蠱，是否是干淨的，其次還有家庭、父母等其他因素。在千萬次暗中調查的基礎上，父母認可後才可以最終走在一起。[27]

不得不說，蠱在苗族人的婚配過程中也造成了至關重要的作用。苗族常常把養蠱、放蠱之人歸咎於女子，傳說她們可以直接施蠱予人，而不必放在食物中害人，甚至看到蠱女的眼睛也會中毒。苗族認為，凡中蠱者，醫生無法醫治，鬼師不能解，只有放蠱人家的東西才能解。種種傳說使得苗族提起放蠱之事簡直就是談虎色變、恐懼萬分，人們害怕蠱家，躲開蠱家，遠離蠱家。不吃她們送的任何東西，不與蠱婆說話，不買蠱婆的東西，也不賣東西給她，儘可能不與蠱婆接觸。特別是蠱家的女子，備受冷落，無法嫁人，也無人敢娶，她們只能遠嫁他鄉。[28] 即便是在科學昌明的今時今日，苗族女性也無法擺脫巫蠱這樣一個話題。我們在調研的過程中，著重對這一方面的事情進行了調查。可是結果並不是令人滿意的，並沒有發現什麼新鮮的、令人眼前一亮的東西。

二、遊方

　　由於自然地理條件的限制，人們在面對一些不瞭解的現象或者暫時無法戰勝的困難和挑戰時，就很容易把目光轉向神巫。而苗族女性恰恰是受到這樣的影響和限制的。那麼，巫蠱是否真的存在呢？蠱是傳說中的毒蟲，早在兩千年前，《春秋左傳》就有記載「皿蟲為蠱，疾如蠱」。《乾州廳志》卷七雲：「苗婦能巫蠱殺人，名曰放草鬼。遇有仇怨嫌隙者放之，放於外則蠱蛇食五體，放於內則食五臟。被放之人，或痛楚難堪，或形神蕭索，或風鳴於皮膚，或氣脹於胸膛，皆致人於死之術也。」關於蠱，或許僅僅是一個傳說，但是卻擁有廣泛的民眾基礎。「苗婦能蠱」似乎已經成了大家的一種基本認知。

　　貴州大學人文學院的傅慧平認為，苗族傳統的戀愛方式——遊方，應該作為一種社會機制來看待。「遊方」的實質是苗族社會自我調節的一套文化機制，這套機制的目的是為了讓婚姻限定在有利於家族發展的範圍。為什麼這樣說呢？儘管在大多數人的印象中，苗族女性對於自己的終身大事有一定的自主權，但是單從「遊方」這種類似於我們說的相親來說，在遊方場上，需要受到嚴格的監督，而在場外，要接受比場內監督更為嚴苛的各種調查。可以說，遊方只是一條途徑，究竟能否在一起，接下來的監督與調查才是關鍵。這也就意味著擔任場外監督的父母親人對於小輩的婚姻還是有一種控制權的。或許，苗族傳統的「遊方」只是社會控制下所開出的一個小口子罷了。

　　苗族傳統的遊方，對於我們現今的婚戀，或者說是其他民族的婚戀有沒有什麼積極影響呢？筆者不確定是否是受到苗族文化的影響，但是，在漢族如今的婚戀中，婚戀雙方或許可以不用考慮太多客觀因素，但是雙方家長卻是會透過一定方式來詳細瞭解對方情況，最簡單的，比如說對方家族是否有遺傳病史，對方及對方直系親屬的口碑如何等。這跟苗族遊方之後的場外調查有著異曲同工之妙。可是，我們是否可以轉換一下思想，不管是哪個民族，都是父母出於對孩子的一份關心而進行的考察呢？可是總覺得這似乎有為他們的控制找藉口的嫌疑。

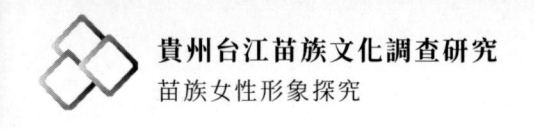

三、姊妹節

　　苗族姊妹節被譽為是「東方情人節」。在苗族人的心目中，如果說獨木龍舟節是男人的節日，那麼毫無疑問，姊妹節就是女人的節日，是在每年的農曆三月十四日至十七日舉行的盛大節日。

　　姊妹節的來源有一個動人的傳說。古時候，苗族有一對男女名叫金丹和娥姣。他倆從小青梅竹馬，兩小無猜，長大後彼此之間產生了愛情。但娥姣的父母不準他們來往，逼迫娥姣嫁回舅家（苗族稱為「還娘頭」）。娥姣不從，以死抗爭，金丹也非她不娶。為了愛情，兩人只好相約在野外偷偷約會，每天娥姣用她裝針線的竹籃藏著糯米飯帶去給金丹吃。後來他們的忠貞終於感動了家人，兩人最終結為百年之好。從此以後，吃「姊妹飯」逐漸演變成了青年男女間尋找情侶的節日活動。[29]

　　姊妹飯只能由苗族婦女來做，就像在獨木龍舟節上，獨木龍舟也只能由男人觸碰一樣。姊妹飯由幾種不同顏色的植物花與葉同糯米蒸煮而成。姊妹飯呈黃、紅、紫、綠、白等顏色。黃色象徵家中富有，五穀豐登；紅色象徵本寨繁榮昌盛；紫色象徵紫陽高照，紫氣東來；綠色象徵家鄉美麗可愛；白色象徵愛情純潔高尚。

　　苗族同姓同宗不婚，姨表不婚，實行嚴格的血外婚制度，這些就形成婚戀選擇中固定的婚姻圈。同一個婚姻圈的苗族男女才能通婚，而這種「婚俗的約束力，不依靠法律，也不依靠科學的驗證，依靠的是習慣勢力、民族心理與傳統文化」。

　　黔東南民族研究所所長、副研究員雷秀武認為，在以往的財產繼承中，苗族實行兒女不均衡的財產制，男子繼承土地、山林等不動產，女兒繼承的是所穿戴的金銀首飾。為了避免女孩出嫁把財產轉移到其他的氏族，本氏族必須換一種方式把財產轉移回來，所以就必須把第二代的女子嫁到舅家，把財產保留到該氏族。在苗族，女孩可以與其他氏族的後生談情說愛，但最終只能嫁到本氏族。如果本氏族沒有合適的，女孩也可以嫁其他氏族，但必須遵循男方要交彩禮到舅家的習俗。[30] 由此可見，苗族女性的婚姻並不如我們

三、姊妹節

想像中的那般開放。在苗族社會中，戀愛是自由的，可是婚姻卻無法像戀愛那樣自由。

在姊妹節最後一天分手時，姑娘們將姊妹飯盛在竹籃裡，飯裡藏著自己選定的信物，蓋上棕櫚葉，拿到村頭送給在此作別的小夥子們。回家途中，掀開棕櫚葉，姊妹飯裡藏的信物如果是松針或者竹鉤，即表示對小夥子有好感，可以多來「遊方」，使感情昇華；如果是棉花（苗語念「嫩」，與「思念」的苗語發音相同），按其諧音，意為對小夥子非常思念；如果是椿芽（苗語念「娥揚」，「揚」為「引」「娶」之意），即允諾可以成婚，若再加上棉花，即希望男方趕快來娶；如果是辣椒或者大蒜，則暗示不願再與之往來，希望各自另尋新好。但不論如何，小夥子們都要在來年回贈相應的禮物。[31]

從姊妹節的風俗來看，如果在分別時，姑娘們送給小夥子們的信物是椿芽或者棉花，那麼按照慣常的理解，是否就有了私訂終身的意味呢？是否就標誌著他們有一定的婚姻自由呢？其實，並不見得。在分別時刻，苗族姑娘們贈送的信物只是說明了姑娘們對小夥子們中意的程度，小夥子的態度也是不得不需要考慮的一個重要方面。另外，長期積累下來的傳統習慣是需要男方登門提親的，這也就意味著，即便姑娘和小夥子彼此中意，還需要說服各自的父母，只有得到了雙方父母的支持，這段感情才有可能名正言順。

那麼，苗族的女性在姊妹節中扮演了一個什麼樣的角色呢？她們毫無疑問是姊妹節的主角，這是一個完全由她們來當家做主的節日。她們不僅僅是這個節日的大管家，更是這個節日裡的女主角。但是，在她們身上，無可避免地存在著某些悲劇色彩。她們投入極大的熱情和嚮往來準備這場盛會，去挑選她們中意的人，這是一件極其令人開心的事情。可是，這份歡喜還要越過來自「意中人」的心意、雙方家長等多重障礙。

透過上面對遊方和姊妹節的相關分析，我們不難發現或許苗族的婚戀自由偏離了我們通常意義上認為的婚戀自由。在這個閉塞的村落裡，許多對於婚姻的禁忌時刻影響著婚戀自由的踐行。

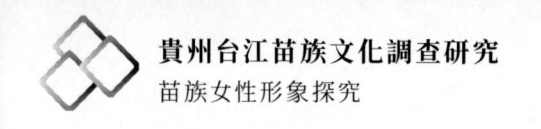

四、踩鼓

關於苗族的婚戀傳統，還有一個重要的節日——踩鼓節。苗人視鼓為祖，鼓是祖宗的象徵，是祖先的安息之地。在苗族的觀念中，正常老死的人要入鼓歸宗。關於踩鼓由來的傳說也是各式各樣的，但都離不開姜央（男性始祖）和蝴蝶媽媽（女性始祖），離不開與牛、葫蘆、蝴蝶、龍等眾多動植物的對話與交流。苗族人往往喜歡賦予各種動植物以美好的情感，視它們為平等的生命體，這種童話般的觀念體現在他們不同的生活領域，並成為他們世代相承的文化記憶。他們這種童話般的觀念或許可以概括為他們「萬物有靈」的思想。同樣，在踩鼓的傳承中，有他們對祖先的緬懷，有他們對大自然獨有的認知方式，踩鼓行為就是他們和諧宇宙觀的最好體現。

關於踩鼓地點的選擇也有一個傳說：過去有一個後生是施洞的楊家寨人，叫會黨，有一個姑娘是老屯黃泡寨人，叫窩炯。兩人是姨媽表親，悄悄談上了戀愛，後來被女方父母發現而被迫停止交往。為了衝破父母的阻撓，兩人便決定：第一天會面安排在距女方寨子不遠的老鄉邀約夥伴一同前去（這天正好是農曆三月十五）；第二天與第一天一樣，又邀約大夥來到男方的寨子——楊家寨聚會；第三天相互告別就到偏寨，眼看就要分別了，大家依依不捨，意猶未盡，於是就在偏寨再聚一天，以後就年年照此慣例分別在同一時間，同一地點舉行踩鼓活動。[32]

施洞文化站劉站長認為踩鼓活動是給青年男女提供社交機會：踩鼓的姑娘是來展示美麗和自己家庭的財富，因為姑娘穿的一套盛裝就值好幾萬。而觀看的男性就可以暗示被看好的女孩晚上去哪兒遊方；也可以打聽旁人這個姑娘是哪個寨的，等以後再去找她；周圍的其他人也是在看誰長得漂亮、誰家富有，就可以介紹給村裡的小夥子，以後男方就可以去女方家提親。如果男方提親沒有成功，別人也不會小看男方的；如果女方同意，就回去放話給男方。

不僅僅是年輕的男女進行踩鼓，老人也會去看踩鼓，尤其是家裡有男孩子的老人。老人在看踩鼓時究竟在看什麼呢？首先是要觀察一下，哪個女孩子漂亮，身上戴得銀飾多。儘管繁多的銀飾是一個很大的負累，卻可以很直

四、踩鼓

觀地反映出女子的家庭條件。老人如果看到哪個姑娘既漂亮，家庭條件也還不錯，就會去打聽是誰家的姑娘，等著以後好上門提親。不得不說，關於苗族女性節日盛裝的銀飾，筆者是有親自體會的，並且有頗多的感慨，重達十幾斤的銀飾戴在頭上、掛在脖子上，本身就足夠讓人被壓得抬不起頭來，更遑論是跳起熱情洋溢的舞蹈動作，起碼在這一點上，筆者是佩服苗族女性同胞的。圖 2 是苗族女性的頭飾。一般在盛大的節日裡，苗族女性會戴上這樣的頭飾參加集體的慶祝活動。

踩鼓已經成為社會婚戀功能的一種表述，是一種群體認可的集體性活動。在踩鼓過程中，年輕女性是踩鼓場上的絕對主角，她們透過盛裝、銀飾展示物美，透過相貌、體態和精神氣質展現人美。最起碼，她們展現美的方式是自由的。另一方面，她們似乎在這場巨大的「相親盛宴」上，更多地扮演著一個相對弱勢的被選擇的角色。她們雖擁有主動的展示權，同時擁有的卻是被動的被選擇權。不得不說，這在一定程度上，反映出苗族女性群體在婚戀這個關乎一生的重大問題上，遠沒有我們想像中的那樣自由開放。

图 2　苗族女性頭飾

五、理辭下的苗族女性形象

在蘇曉紅教授和胡曉東教授合著的《苗族婚姻理辭女性形象社會地位探析》一文裡，對於女性社會形象地位的探析，與我們傳統的認知存在許多不謀而合的地方。該篇論文指出：理辭中的婚姻理辭塑造了許多個性鮮明、性格各異的女性形象，透過對女性形象的分析可以窺見婚姻理辭中的女性有著和男性相對平等的社會地位，享有相應的權力。她們主體意識覺醒，有獨立的人格，堅持兩性和諧相處。當出現婚姻糾紛時，充分行使婚姻自主的權力，透過理老向男方明確表明自己的態度，從而解除婚姻關係，重新追求幸福生活。這是苗族社會尊重女性並賦予其相對平等地位的文化觀念與苗族女性的重要地位兩者共同影響下女性形象社會地位的生動呈現。

五、理辭下的苗族女性形象

　　理辭是什麼？從理辭中反映出的苗族女性形象，有沒有歷史研究價值？理辭是貴州省黔東南境內苗族文化中具有重要地位和深遠影響的一種詩歌文學形式，它以歌的藝術魅力來感動人心以求得糾紛的解決。既然是一種文學的形式，那勢必是取材於生活而又高於生活的。理辭中反映的風土人情是創作者對現實的正面積極表達，還是對現實不滿後的一種美好設想？

　　但是無論如何，在理辭中仍然反映出一定的問題。在漢族的文學中，由於女性長期受到「三從四德」等封建綱常的約束，絕大多數女性是男性的附庸，沒有話語權。但是在婚姻糾紛調解理辭中，可以清楚地看到，苗族女性非常注重婚姻生活的和諧性，當婚姻生活無法為繼時，即使面對男方的指責和賠償要求，仍然會堅持離婚，最終在理老的主持下解除婚姻關係，重獲新生。這在一定程度上，體現了苗族女性較強的自我意識，更加注重個人的生命體驗和情感需求。理辭中還有一種女性形象，她們不但受到丈夫的冷落，公公、婆婆還施以臉色，惡語相向，甚至施暴，最終激起她們的反抗，回娘家請理老來解決問題。社會性別理論認為，在社會發展中女性與男性處於平等的主體地位。這類女性形象恰好對這種理論做了形象的詮釋。她們注重的是人格的獨立和夫妻的平等相處。當遭受精神上或身體上的虐待時，她們沒有默默承受或者終日以淚洗面，而是選擇回娘家，透過父母請理老來解決問題。這類理辭的傳誦實際上是對夫妻情感與人格雙向對等的鼓勵與肯定，反映了苗族人民男女平等的意識和觀念。不管是什麼類型的女性形象，可以肯定的是，苗族婚姻理辭中的女性形象享有和男性相對平等的地位。那麼，究竟是什麼形成了理辭中男女相對平等的社會地位？

　　首先，值得關注的一點就是，苗族的傳統習俗中，遊方和依歌擇偶是苗族戀愛自由的一大體現，男女具有相對平等的交往權力。在苗族的習慣中，苗族女性有自主選擇自己丈夫的自主權，有婚姻破裂後離婚的自主權，有離婚或者丈夫死後再婚的自主權。並且，苗族地區的婦女在離婚、再婚等問題上是不受任何的歧視和干預的。

　　其次，在家庭中的地位上，苗族社會是一夫一妻的小家庭制，男女雙方共同勞動，承擔家務，養育和教育子女。在家庭生活中，女性相比於男性並

不少的貢獻使得女性在家庭當中擁有一定的話語權。在大多數人的觀念裡，一提起中國的少數民族，可能就會想到能歌善舞的女性。的確，這是十分有標誌性的文化符號。在苗寨，女紅、刺繡、歌舞的傳授大部分是由母親完成，姑娘不穿盛裝、不會踩鼓在外人看來是很丟人的事情。如今苗族引以為傲的銀飾、刺繡、剪紙等文化，無一例外都是經由母親這一角色使其代代傳承的。

最後，就是對「和為貴」的價值理念的遵守。很直觀的一個事例就是，如今的苗寨，有哪戶家庭有婚喪嫁娶等事項時，村寨中幾乎所有人都會去幫忙，有錢出錢，有力出力，有米出米。這樣和諧團結的理念和關係顯然不是步入現代社會後才逐漸習得的，而是在長期的與惡劣的自然環境、封建統治者鬥爭的過程中逐漸發展起來的延續生存的智慧。

當然，蘇曉紅教授和胡曉東教授也在最後的總結中指出：理辭所塑造的女性形象相對平等社會地位的擁有，是苗族社會尊重女性並賦予其相對平等地位的文化觀念與苗族女性的重要地位兩者共同影響的結果，是苗族人民渴望建立和睦家庭美好願望的表達。不管是對現實的真切表達，還是高於現實的反映，把理辭這種文學形式下反映出的問題放在橫向的角度上來衡量，我們是可以發現很多值得學習的地方的。最起碼，相對於漢族女性長期受禁錮與壓迫的狀況來說，苗族女性的狀況確實是一個很大的進步與解放。

六、結語

從最開始蝴蝶媽媽作為創世女神被崇拜，到後來逐漸演變成一種價值符號，一種女性符號的表徵，可以窺見在苗族女性這一群體中，蝴蝶所能代表的深刻意味以及對女性的地位或多或少的影響。

我們一直以為苗族女性是擁有婚戀自由和自主權的，其實並不盡然。可以肯定的是，她們擁有很大程度上的戀愛自主權，但是從戀愛到婚姻的過渡，想要完全憑藉自主意識卻是有一定的阻礙和難度的。在婚姻中，苗族女性的地位或許與我們想像中的出入較小，這一方面受到苗族一直以來一夫一妻的小家庭制的影響，另一方面苗族女性勤勞吃苦的特性也造就了其在家庭勞動和生產中的地位。地理環境的天然屏障一方面使苗族與先進的文化和發達的

六、結語

經濟阻隔開來,另一方面也屏蔽了一些迂腐落後的觀念,使得苗族女性的地位受到的衝擊遠沒有漢族社會那樣強烈、深刻、持久。

歷史的吶喊——臺江縣苗族服飾之旅

李柵柵

　　摘要：臺江縣地處黔東南地區，號稱「天下苗族第一縣」。這次暑假調研，我們選擇走訪了臺江縣下屬的六個苗寨村莊，充分領略了黔東南地區秀美的自然風光，淳樸的苗民風情，並在當地嚮導的熱情招待下，品嚐了當地特色的美食，著實給我們留下了美好而深刻的回憶。這次的走訪，筆者的主要關注點是苗族服飾，因為一提起苗族，給人第一個印象就是一群穿著五顏六色的衣裳、能歌善舞的苗族年輕女子的形象。且在前期的瞭解中，筆者得知苗族是一個沒有文字的民族，而服飾在他們的民族文化歷史傳承中起著至關重要的作用。因此，鑒於苗族服飾的這種特殊文化功能，筆者對臺江縣的苗族服飾進行一個大略的梳理，以期釐清服飾在整個苗族文化中所承載的歷史功能，並對苗族服飾的未來發展趨勢進行一個基本的預測。

　　關鍵詞：臺江縣；苗族；服飾；文化；歷史

一、苗族服飾的基本特點

　　苗族服飾是苗族人民在特定的生存環境下自發形成的產物，無論是從顏色、樣式上來看，都傳遞著苗族人民獨一無二的審美情趣和生活認知。在我們的走訪過程中，服飾是瞭解這個民族性格、文化、歷史的最顯著符號，一般婦女普遍還是苗民的打扮，穿著簡單的服裝，有些是苗族便裝，沒有佩戴高高的頭飾，有些則是市面上隨處可見的普通T恤和長褲，但髮飾基本一致，都是在頭頂中央扎一個髻，佩戴一朵大紅花。而苗族男子則完全與漢人男子無異，因苗族的盛裝主要是給姑娘們穿戴的，即使是節假日，小夥子也是普通的便裝打扮稍微加一些帽飾，頂多在衣服袖口繡一些精緻的花紋。至於為何男子女子的衣著如此不同，當地人用很簡單的話語來回答：「這是體現我們苗家人的男女平等觀念。」仔細一問才知道，我們一般印象中盛裝打扮的苗族姑娘，她們身上的盛裝是只有特別重大的節日或者婚嫁才會穿戴起來的，加上頭上華麗的銀飾和脖子上厚厚一圈的銀項圈，總共價值二十多萬呢。這

貴州台江苗族文化調查研究
歷史的吶喊——臺江縣苗族服飾之旅

　　一身華麗的衣裳，就是從姑娘剛出生開始，母親就開始著手操辦的，每年家裡盈餘的錢物就給這份嫁妝添加一些，今年加一點，明年再加一點，用他們的話來說，就是「『偷出來』給姑娘的」。等到姑娘出嫁，這一套價值不菲的盛裝既是新娘禮服，也是娘家人的陪嫁品，一道帶到夫家去，而家裡的房屋、土地，甚至富裕一點家庭的車子，都歸兒子所有了。所以這套華麗的苗族盛裝，就體現了苗族人男女平等的觀念。可見，苗族盛裝是苗族人民只有在盛大節日或喜慶的日子才會穿出來的，平時也只是穿著其民族的便裝，方便出行和勞作。

　　由上述可知，苗族服裝不僅可以滿足古代苗人用以禦寒遮體的基本需要，更是一個家庭中父輩對子女的愛與關懷。年輕的苗家姑娘從小便開始與母親一起織自己的嫁衣，一邊聽著媽媽講述那古老的神話傳說，一邊在嫁衣上繡上美麗的圖案。這也正體現了苗族人民日常的生活方式和手工實踐，在這一代一代傳承下來的生活方式中，苗族人的精神、文化、禮儀得以傳承。

　　苗族服裝的特點很鮮明，首先從顏色方面來看，苗族服飾的基本特點是以冷色調為主的青、藍、白作底色，頭上是青布帕或青絲帕，身穿青藍布衣或麻衫，褲子是青藍布加白布褲腰，鞋子是青面白底。冬天纏一對青藍布裹腳。老人喜歡穿一雙白布襪子，婦女則喜纏一雙白布裹腳，未出嫁的姑娘家也多用青藍色絨線作頭繩。一般來說，不同性別、不同年齡、不同季節、不同場合、不同地域使用不同的服飾。但歸結起來，分為盛裝和便裝兩大類，便裝多為藍、綠、青等冷色，花飾也喜歡用冷色，青年人喜用綠底藍花，老年人喜用藍底綠花，這適合於平時勞作時的環境，比較樸素大方和美觀。

　　其次，從花紋圖案來看，苗民善於把日常的所見所聞透過一針一線，將其具象化為圖案，所創造的花紋圖案千姿百態，紛繁複雜，涉及了自然界中的花卉草木、飛禽走獸以及想像中的龍鳳麒麟。從圖案結構形式上，苗族服飾花紋圖案大致分為三種：一是讓幾何紋樣充當主體紋樣，以絢麗多變的植物紋樣作陪襯，構圖主次分明，如圖1。二是以動植物紋樣充當主體紋樣，以豐富多彩的幾何紋樣組成紋帶，讓幾何紋樣造成烘托、美化主體紋樣的作用，如圖2。三是全部是幾何紋樣圖案，用各種不同的幾何紋樣穿插組合，

使整個構圖協調一致,給人以多繁瑰麗之感。這些花紋圖案最初是對某種具體形象或事物的臨摹,或是從一種植物、動物或其他自然物演變而來,或是某種圖騰的標誌,如圖 3。

　　從構圖內容來看,可分為歷史回憶、遠古神話、圖騰崇拜、動物植物等幾大類。歷史回憶主要是對故土——東方田園的描繪,一般用幾何圖案來表現。透過幾何圖案的規則分佈,可以讓人感受到開闊宏偉的氣勢。遠古神話主要表現苗族歷史傳說中的蝴蝶媽媽。因為蝴蝶的產卵能力很強,一次能產下許多的蟲卵,苗民便以蝴蝶為寄託,表達了對民族後代多子多孫的祈願和祝福,這其實也是一種生育崇拜。類似的還有對魚的崇拜,且較有意思的是,苗族服飾上常見的對魚紋,類似於漢文化中的太極圖,這在一定程度上也展示了人類原始思維的相似性。圖騰崇拜主要描繪龍,苗族文化中對龍的想像非常豐富,有人首蛇身龍、捲曲龍、爬行龍、飛龍、牛龍、魚龍、鳥龍等,也有類似皇族權力象徵的鹿頭蛇身鷹爪龍。苗族人民將龍視為吉祥和發達的象徵,寄予了對自我人生意義之追求。動物植物主要表現的是大自然的和諧之美,各種植物、動物以及人類共同生活在這片自然界中。

圖 1

圖 2

圖 3

此外，苗族服飾中很重要的一個部分就是銀飾，苗族銀飾種類豐富，根據使用部位不同，大體可以分為頭飾、手飾、身飾、衣帽飾四個部分，其中頭飾占了很大的比重。貴州多山，地形複雜多變，樹木叢生。且在日常的生

活和勞作中，常常需要穿越荊棘，因此對頭部的保護就十分重要，由此形成了苗族頭飾豐富多彩的歷史。頭飾包括髮型和裝飾兩個部分，婦女的髮型以長髮挽髻為主，不同地區，髻的位置不盡相同，有的地方是挽偏髻，臺江縣的苗寨婦女則是於頭頂中央挽髻。史繼忠在《貴州文化解讀》中提及，「貴州苗族婦女頭飾最為豐富，有挽髻於頂的，有將髮辮盤成一個大圈的，有髮型偏在一邊的，有將頭髮纏成角狀的，還有將髮髻垂於腦後的」。貴州苗族婦女的愛美情趣還體現在對頭飾的重視上，往往喜愛在挽好的髻上插銀飾、頭帕、花帽、羽毛、鮮花等。最開始的裝飾物品取自自然，例如一朵鮮花、一根羽毛。今天的臺江縣各地苗寨婦女雖有木簪、木梳作為裝飾，仍保持著原始古樸的風格。

　　約在明清兩代，苗族服飾普遍採用銀飾作為主要的裝飾品，飾品種類紛繁多樣，用料很足，製作工藝精美。常見的種類有銀花、銀角、銀冠、銀衣、銀簪、銀梳、銀項鏈、銀鈴、銀項圈、銀耳環、銀手圈等，一套苗族盛裝的銀飾品加起來大約在二十斤左右，走起路來還能聽到銀飾相互碰撞的清脆聲。據清代《皇清職貢圖》卷四所載，「苗婦椎髻，長簪著銀」。清代《黔南識略》亦有記載：「苗族男子，項戴銀圈一二圍，女頭必裹布，耳戴大環，項戴銀圈一二以至十餘圍不等，女子銀花飾首，耳垂大環，項戴銀圈，以多者為富。」可見銀飾在苗族社會中，不僅起著服飾裝飾的作用，更是一種身份的體現，富裕家庭的盛裝銀飾雍容華貴之相可見一斑。在走訪臺江縣苗寨時，我們得知如今苗族男子已基本不佩戴銀飾品了，即使是在節日或盛大場合裡，男子也只是穿著做工、刺繡較為精美的布衫，銀飾品的消費則主要面向婦女。隨著當今社會經濟發展速度的增快，貴金屬的裝飾品已漸漸普及化，銀飾品作為身份尊貴的象徵作用已經弱化乃至消失，而它的裝飾作用相應地越來越普遍。由於其精美的手工製作，特具民族風格的造型設計，使得苗族銀飾品受到市場的追捧，許多愛美之人紛紛前來採購。苗族百姓為何普遍使用銀飾，這其中有一定的歷史地理根源。在古代，居住在群山峻嶺的苗族人民，外出或者勞作時常常遭到毒蛇猛獸的襲擊，起初出門必帶木棒，後來帶鐵，俗話說「出門三分鐵，虎狼不挨邊」，再後來就有了銀。銀不生銹，潔白美觀，

就演變成佩戴銀器。又因為婦女比男子天生軟弱，更易遭受猛獸襲擊，所以婦女的銀飾種類最豐富。

二、苗族服飾形成的歷史地理原因

貴州苗族人民在悠久的歷史演變和長期的社會生產實踐中，形成了其獨特的服飾文化與歷史，苗族服飾是苗族人民在特定的自然環境、生活方式、宗教信仰和傳統習俗等的共同作用下形成的產物，體現了苗族人民獨特的審美情趣和藝術風格。貴州地處邊疆，素來就有「九山半水半分田」之稱，其境內的地貌主要呈現為崇山峻嶺。而苗族人民又居住在層層疊疊的大山之中，險惡的生態環境和落後的社會歷史造就了苗族人的傳統原始宗教文化，他們相信萬物有靈，對生靈、祖先、樹、橋等都心懷敬畏。貴州苗族支系眾多，分佈較廣，且由於各個支系外部和內部之間都相對閉塞的生活環境，不易受到外來文化的侵襲，使得其特殊的文化得以保存原有的歷史風貌與痕跡。苗族服飾就是在這樣的大環境中，將本民族的歷史、文化、風俗、傳統工藝等以具體的實物方式呈現出來，在歷史的長河中不斷沉積和演變，服飾代表了苗族的文化，是苗族文化活著的化石，就如一本厚重的教科書，記載著苗族人民豐富多彩的文化訊息。

對於任何一個民族來說，其生存環境都是自然界和人類社會這兩個方面共同作用的結果，它既有特定的自然環境，且還要與相鄰的其他民族人民之間產生交流甚至融合。在這個過程中，民族內部的人民運用智慧和想像力，創造出了屬於自己的文化，並憑藉這種文化，結成了一個社會聚合體──民族。民族的成員憑藉其特有的文化，去征服、改造、利用自然界的生存環境，以創造滿足所有成員生存的全部條件，維系該民族延續和發展。與此同時，民族的文化、運轉機制也會進行自我調整以更好地適應生存環境，人類社會與自然環境之間的相互適應造就了一個民族獨特的文化與歷史。苗族是貴州的世居民族之一，且從歷史發展角度來看，苗族也是一個遷徙民族。遷移民族最大的優點在於迅速適應新居的生存環境，只有這樣他們才能生存下來，並得以發展。

二、苗族服飾形成的歷史地理原因

　　黔東南苗族所處的地形西北高，東南低，在雲貴高原向湘桂丘陵的過渡地帶，其境內有潕陽河、清水江流經，向東流出本境而入洞庭湖，珠江水系的都柳江向南流出本地區。這是黔東南苗族生境區內向東、向南的兩大通道，這兩大通道所連接的乃是中國東南的大片海域。夏季那濕熱的東南季風帶著充沛的雨水，穿過大片的中原平坦地區後，正是沿著這些通道進入雲貴高原，並在黔東南地區急劇爬升，形成有名的「昆明靜止鋒」，造成降雨的機會極多。這種高溫、濕熱的氣候特徵，極有利於該地區的林木生長，使黔東南地區擁有延續數百里的原始森林，至今這裡仍是中國的重要林區之一。這些原始的密林，在交通發達的今天自然成了人民的財富。形成於這種特定環境中的黔東南苗族文化自然打上了與之相聯繫的烙印。

　　以上是從歷史地理原因的角度來考察整個貴州苗族的生存環境，生存於其中的苗族人民要想在這樣的自然環境中生息和繁衍，就必須要適應這種環境。這種適應性，體現在他們生產生活的方方面面，於服飾而言，在顏色上自然取黑色為主調，以便協調於自然。例如元代史書就稱其為「黑蠻」，明代對他們時稱「黑蠻」，時稱「黑苗」，清代統稱這一帶的苗族為「黑苗」，可見服飾以黑色為主是苗族人民自古以來的特殊環境造成的。黔東南苗族的超短裙就是苗族人民適應生存環境的結果，高山密林的自然環境下，短裙更易於在荊棘之中穿行。超短裙除了極短之外，還很厚，且較硬，多細褶。這是由於厚而硬的裙不易被荊棘劃破，就是雨滴到上面也不會浸濕，它完全可以應付穿越叢林時荊棘的威脅，又有效避免雨霧的浸濕。此外，在黔東南苗族服飾中，打綁腿是必備的，目的是為了防止荊棘劃破刺傷皮膚，同時兼有防蛇蟲叮咬之用。打綁腿對叢林生活的重要性並不亞於衣服本身。《皇清職貢圖》中所繪的苗民形象，不拘男女一律打著綁腿。貴州省博物館收藏的黑苗服飾中綁腿占有很大比例，現今黔東南的一些苗族傳統聚居區的老年婦女仍有打綁腿的習慣。

　　以上是就苗族的傳統服裝而言，今天，黔東南苗族服飾有了進一步的發展變化，由於原來的密林生活在近代社會開始有了較大的變化，為了適應這種變化，黔東南苗族的服飾開始向多色系轉變。不再單一崇尚黑色，其基本特點是以冷色的青、藍、黑為主色，頭包青布帕和青絲帕，身穿青藍布衣或

麻衫，褲子是青藍布加白布褲腰，鞋子是青面白底。這種變化是不同地區的民族之間的文化相互借鑑和影響的結果。如侗族在服裝顏色的取向上也接近於黔東南苗族。在銀飾的發展上，沒有太大的變化，只是銀飾舊有的功能正逐漸退化，取而代之的是新的民族審美價值取向。由此我們可以看出，黔東南苗族服飾的變化是黔東南苗族對社會文化的適應，是對所處自然環境的調適，是在其自然環境的作用下，經過社會的淘汰、調適、加工而形成的特殊文化樣態。

三、苗族服飾的社會功能

經過自然和歷史的長期演變，苗族服飾已成為一種特殊的社會元素，其自身的發展和演變折射出了整個苗族歷史的發展和演變。苗族作為一個沒有文字的民族，其歷史能夠得以代代相傳下來，依靠的就是服飾之類的、與生活息息相關的實物，服飾的樣式、顏色、花紋，無一不向後人展示著本民族瑰麗輝煌的歷史。而一代代的苗族人，也正是透過繼承祖祖輩輩們遺留下來的服飾、銀器、刺繡等民族工藝，在滿足生活生存所需的同時，還將歷史、文化、宗教信仰等一一傳承下來，這是一種樸素而自覺的文化傳承方式。隨著時代的進步，並且在與其他民族的交往過程中，這種傳承方式本身正在發生著翻天覆地的變化。服飾作為一種特殊而極其重要的元素，在苗族人的生產生活中，時刻發揮著獨特的功能。

第一，貴州苗族服飾是自然圖騰崇拜和宗教信仰的載體。

少數民族的生活是與他們的圖騰崇拜、宗教信仰分不開的，每一個少數民族都有著自己所特有的圖騰和宗教。在這些民族的服飾中，有一部分服飾風格迥異，表現出強烈的本民族特色。這些特殊的衣飾，一般與遮羞、禦寒、財富、美觀、權力等都沒有直接的關係，但卻在服飾中擁有一種神秘或崇高的意味和象徵，是該民族服飾中不可缺少的一部分。深度解讀其包含的文化內容，都與他們的原始自然圖騰崇拜或某種宗教信仰有關，其中一部分直接就是自然崇拜的圖騰圖案。貴州苗族服飾亦是如此。貴州苗族服飾上出現的圖案花紋，往往折射出苗族對自然界的一些生物和心中的神靈形象的崇拜，

三、苗族服飾的社會功能

在《苗族古歌》中記載了天地形成與萬物起源，表現了苗族對楓樹、蝴蝶、鳥、龍等的崇拜。黔東南苗族服飾中大量的蝴蝶紋、鳥、龍、魚、牛等的圖案也都是苗族對圖騰崇拜最直接的表達。苗族把對天、地、山川、河流、太陽、月亮和星星以及自然界生物的崇拜充分體現在服飾圖紋之中。僅黔東南苗族服飾的動物圖紋，就有 50 多種。由此可見，貴州苗族服飾是自然圖騰崇拜和宗教信仰的載體。

第二，貴州苗族服飾表現了對自然界生命的尊重和敬畏。

服飾的首要功能是滿足人們生理的需求，這是服飾文化發展的推動力。為了適應貴州所處的地理位置和特殊的自然環境，苗族的先民們創造出了頭飾、披肩、腰帶、裙子、裹腳等服飾。製作苗族服飾的布料多為自己土產的棉、麻、毛等，根據不同的材質進行不同的加工製作，以便於原料的材質性能在服飾中得到充分的發揮。貴州苗族服飾款式繁多，並且大多數服飾顏色艷麗，圖案綺麗多姿。戰爭與遷徙讓這個飽經滄桑的民族對大自然給予的財富倍加珍惜，他們在這片賴以生存的土地上生產生活的過程中，既改造大自然，也依戀大自然，與此同時也發現了大自然的美，對自然美充滿了情感。於是，自然界中一切美好的事物都彙集於他們的服飾之中，山川、田野、河流、花、草、樹等，凡是他們所熟悉的、喜愛的、崇敬的都盡情地模仿。在表現手法上主要分為三類：象形紋樣，接近於寫實；半抽象半具象紋樣，由幾何線條組成的實物具象；純幾何形紋樣，主要源於對自然環境的寫實和對歷史文化的寫意。在長期的發展過程中，行成了固定的形式和風格，運用紡織、靛染、裁縫、刺繡、織錦、製作銀飾、鑲綴飾物等工藝，製作出艷麗迷人、光彩奪目的服飾。貴州苗族人民在用自己的技藝創造美的時候，也將生產生活融入其中，展示了一種人與自然和諧相處的美。人從改造自然中得到了自然給予的恩惠，人利用自然規律創造性地給予自然以社會意義和人的情感。

貴州苗族在長期的鬥爭中，由矇昧走向文明，創建了自己的文化，在這個過程中，他們用虛幻的形式，祈求自然界中神秘的力量庇護自己的民族，將自然界中的動植物作為守護神，甚至是民族的象徵，或自己的祖先。其中，楓樹是苗族一個重要的圖騰之一，貴州黔東南苗語中就稱楓樹為「道莽」，

即「母親樹」的意思，如西江苗寨居民在選擇居住地時，要先倒插一棵楓樹，能成活，就能居住，否則就必須重新選址，這種特殊的民俗活動體現了他們對楓樹這一自然之物的敬畏之情。貴州苗族服飾上就有許多楓樹的圖紋。可見，苗族人民透過服飾這種無聲的語言形式，表現出他們對自然界、對生命的讚美，對人與自然和諧相處的謳歌，但與此同時，這種精神的血液也不斷地注入苗族服飾的實體，造就了苗族服飾獨特的文化底蘊。

第三，是對祖先生命歷程的記錄與追尋。

苗族長期沒有自己的文字，主要靠口口相傳和約定俗成的形象化符號來傳承自己的文化，而其服飾圖案卻具有形象文字的特性，久而久之形成了特有的藝術語言，在苗族文化傳遞中造成了相當重要的作用，是一部穿在身上的歷史讀物。苗族服飾巧妙地把服飾的物質形態與精神文化融合在一起，記錄著苗族古老的文化，傳遞訊息，並反映他們對美好生活的追求與嚮往。在幾千年的歷史進程中，在幾次大的遷徙中，苗族人民的歷史並沒有因為未被刻錄成文字而造成缺失，那些絢爛的文化也未因民族的不斷遷徙而淹沒在其他民族的文化之中，其中苗族服飾的作用是不可忽視的。苗族服飾上那一個個鮮活的圖案是對厚重歷史的解讀和對共同祖先、共同命運的追憶，是一種民族文化歸屬感，已經超越了簡單的服飾內涵。

古代苗族因受戰爭的影響，被迫遷徙到崇山峻嶺的山區，遷徙不僅影響了苗族人的生活，而且影響了他們的心靈，這段經歷讓他們對美好生活產生無限的嚮往。苗族服飾的圖案就反映了這個民族的歷史，是這個民族的「精神回歸」，同時也鮮明地反映了不同時期苗族人民生活的情況以及對社會、生活、自然的理解。他們將這段歷史繡在服飾上，是要告誡後人牢記歷史，不忘先民們英勇奮戰、頑強拚搏、勤勞勇敢、刻苦耐勞、艱苦創業的優良品質。透過這種獨特的表現形式，苗族人民在內心深處烙下自己祖先遷徙的歷程，盡情地表述他們難忘民族歷史，表現出對先民們大無畏精神的崇敬之情。苗族服飾是實用文化和審美文化的集中統一，作為文化的見證和訊息傳達的媒介，它展示了苗族歷史的發展脈絡，詮釋了苗族的歷史文化內涵，讓苗族的歷史文化得以記錄和保存。

三、苗族服飾的社會功能

苗族女子有一種「蘭娟衣」。傳說蘭娟是一個苗族女首領，在帶領同胞遷徙時，她用綵線在自己的衣服上繡出遷徙的路線。過黃河時，她用黃色的絲線在左袖口上繡了一條起伏的黃線；過長江時，她用藍色的絲線在右袖口上繡了一條婉轉的藍線。最後，她的衣服上佈滿各種各樣的花紋。當然，這些花紋只有她讀得懂，只有她的同胞讀得懂。蘭娟衣後來被覆製了無數件，被覆製了一代又一代——就如同有文字的民族印行書籍或傳承字畫那樣。這是另一種經典，是另一種文字，是另一種印刷方式。它是遷徙文化最深刻的銘記物。這種民俗傳襲至今，黔東南凱里、施秉、黃平、臺江等地的苗族婦女在每件花衣的披肩上、裙沿邊都繡有兩道彩色鑲邊橫線，象徵黃河與長江。因此，苗繡不是一種單純的手工技藝，而是這個民族的語言和記憶。

第四，是對情感的追憶和宣泄。

苗族悲慘的歷史遭遇積累了太多的委屈和其他各種複雜的情緒，由於苗族沒有文字，他們以針為筆，以線為墨，以布為紙，將本民族的愛恨情愁都繡在衣服上，鐫刻在心裡，用一針一線傾訴著千年的情感，「讓我們割下樹漿，染在阿嫂的衣上。讓我們把涉過的江河，畫在阿媽的裙上……照田地的樣子做條裙子穿，繡上花衣裙永遠叫兒孫懷念」。「遷徙文化」頑強地生長在苗族的歌聲、服飾、口耳相傳的故事裡以及一代代人的情感裡。服飾也就成為他們表達內心情感世界的一種手段和方法。

由此，貴州苗族服飾在一定程度上反映了苗族的歷史、苗民的個性、苗族的情感、苗族的審美觀及貴州的自然環境等多方面的文化內涵。服飾的發展過程體現了人類文明的進程，貴州苗族服飾作為中華民族服飾家族中重要的一部分，是實用文化與審美文化的集中體現。苗族服飾不僅款式繁多，極具民族特色，而且是最能代表該民族特徵的物品，從苗族服飾中可看出苗族歷史的發展進程和文化沉積，體現苗族的審美觀念。特別是苗族盛裝，進一步將其審美文化加以強化和放大。無論哪個民族都沒有像苗族這樣，將服飾圖案作為工具，深切地表述歷史。苗族服飾處處向人展示著它獨有的「文字」，向人們述說著自己的歷史，一聲聲一句句落在一針針一線線上：「我們從黃河而來，在艱辛與苦難中來到崇山峻嶺，歲月見證一切，我們在樂觀

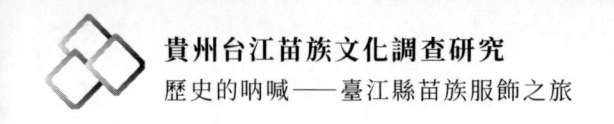

與善良中擁有了自己的文化，我們就是苗族。」苗家人帶著這樣的情感創造了他們極具民族特色的苗族服飾藝術，在人們心中產生了深深的共鳴。

四、苗族服飾的未來發展前景

事實上，筆者在走訪苗寨的過程中發現，苗族服飾的民族特性已經不那麼明顯了。村寨裡的青壯年基本上都外出打工，只剩下一些空巢老人和留守兒童，還有一些婦女留在村裡種植農作物。苗寨美麗的自然風光和冷清荒涼的村寨特別不協調。想像中的美麗的苗族姑娘唱著山歌幹農活的景象並沒有出現，孩子們往往被我們這些不速之客驚嚇到，睜著大眼睛注視著我們。這些留守孩子們的衣著已與我們無異，都是破舊的Ｔ恤和短褲。年長的婦女大多數還保留著戴青布頭巾的習慣，或者是在頭頂正中央梳髻，但上衣下裳也不再是苗族特色的服裝，而是市場裡購買的偏深色的長衣長褲。

大概是因為這些村寨比較小，所以看到的都是留在村寨的老人和孩子，於是我們又到臺江縣發展較好的苗寨——施洞，在那裡，我們看到了一排排的店鋪，都是關於刺繡、銀飾的。走進一家刺繡店，與店主聊起天來。她很熱情，拿出來自己珍藏多年的寶貝，是滿滿的一箱子繡片，她說它們都是自己繡的，有時候也會拿去外面的大城市參加展會，把自己家鄉美麗的服飾、刺繡介紹給外面的世界。店主還有一個女兒，今年剛上大學。她笑著說自己平時也會教教女兒刺繡的手藝，但不能讓女兒以此謀生。聽到這些，筆者的腦子裡浮現出一位母親一針一線地教她女兒縫製自己嫁衣的情境。那既是一個家族愛的傳遞，更是一個民族的歷史記憶。然而如今自給自足的自然經濟已經無法滿足人們的生活，年輕勞動力的大量流失，教育水平的低下，民族文化的無法繼續傳承都造成了苗寨的破敗。最明顯的標誌，就是特色建築——吊腳樓被漸漸取代。人們不再自己種麻、織布、繡花，苗族特色服飾已經變為一種商品，而不是一種生活方式。

當被問及穿衣的問題時，一個苗民說，現在大家都講究便捷，平時也很少穿自己本民族的服裝了，首先是因為不太方便，寬袖大褲腿不太適合勞作，且貴州雨水天氣較多，自己製作的衣服很容易被雨水浸濕並褪色。隨著苗寨

四、苗族服飾的未來發展前景

與外界交流的增多，也許還會有更多的苗族特色傳統消失不見。訊息高速通道打通了這裡與外面世界的聯繫，人們的眼界開闊了，需求也自然增多了，自給自足的生活方式早已不適合現代社會。外界的文明在給苗寨鄉民帶來更多生活便利的同時，另一類更為深遠而令人擔憂的影響卻在漸漸加大，即作為本民族的歷史文化載體的那一部分文化形式也在遭受打擊。苗族服飾作為苗族歷史、文化的書寫載體，在今天卻已經失去了它繼續傳承下去的基本土壤，新一代的苗民去了外面的大城市，能留在大城市的就不再回到山村。母女之間口傳身授的文化傳承方式正在消失。所有這些都指向一個事實：苗族服飾文化正在被現代文明一點一點侵蝕。

調研結束後，筆者一直在想，服飾在苗族人的歷史文化和生產生活中占據著如此重要的地位，且經歷了千年而不衰敗，卻在物質文明高度發達的今天面臨著發展瓶頸。究其原因，一方面是隨著外來文明的普及，商品經濟的發展，大部分苗族人民放棄了本民族上千年來形成的生產生活方式，轉而追求更加便捷、舒適的生活方式。另一方面是貴州苗族地區為適應經濟發展的需求，大力發展民族特色的文化旅遊業，但由於基礎設施不夠完善，導致旅遊業長期處於停滯狀態。這種停滯狀態使原本放棄外出務工、在家專心搞旅遊業的苗民既沒有穩定的經濟收入，也沒有興趣維持祖祖輩輩那樣的生活方式。簡而言之，就是難以達到苗族地區特色的經濟發展模式與維持苗族本身民族傳統和歷史之間的平衡，這是一場所謂的現代化商品經濟發展模式與古老的傳統農業經濟發展模式之間的博弈，如何在博弈中實現二者的平衡與統一，是擺在苗民面前的一道難題。單從苗族的服飾著眼，這一象徵苗族文化的活化石、這一苗族行走的歷史，在未來的發展中該何去何從，苗族下一代將如何選擇他們的生活方式，都充滿著變數。

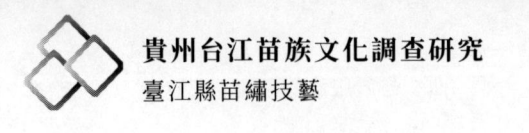

臺江縣苗繡技藝

乙小康

▌一、概況

在我們此次調研考察的過程中，成員無不對苗家人民的服飾留下了深刻的印象，尤其是女性服飾。其絢爛的色彩、繁複又有層次的裝飾讓人眼前一亮，每到一個苗寨，每至一戶苗家，女人們的衣著服飾總是能夠吸引隊員的眼光。而苗族服飾工藝頂上那顆最璀璨的明珠則莫非其刺繡技藝了。

刺繡是苗族服飾主要的裝飾手段，它的歷史也正如苗族人的生活史那般悠久漫長，在苗人文化歷經千年發展的過程中，刺繡技藝也逐漸成長、成熟，成為苗族女性文化的代表工藝，也是苗族婦女智慧與靈巧的結晶。苗家婦女擅長紡織和刺繡，在清代《廣南府志》《開化府志》以及民國《馬關縣誌》《邱北縣誌》等典籍中，都有苗族婦女「能織苗錦」的記載。2006年，苗繡就被列入「第一批國家級非物質文化遺產名錄」，其精美絕倫的刺繡技藝和璀璨奪目的銀飾讓人讚嘆不已，被世人公認為最精美的藝術創造。

苗族刺繡除了歷史悠久的特點外，從它的選材內容上看則是無所不包的，如果說一個民族的服飾文化在一定程度上反映了這個民族的社會生活的話，我們不難發現，苗家兒女對生活的理解、熱愛以及敬畏之情在服飾裝飾上得到了最直接的體現。無論是苗族神話或者歷史上的人物，或是作為圖騰崇拜的神靈動物，抑或是給養生命的莊稼植物等，繡女們都在服飾上加以最淋漓盡致的展示。當然選材來源的豐富也並不意味著苗繡的基本紋案是無章可循的，在觀察並調閱了一定的資料後發現，有一些基本的圖案，如鳥、魚、龍、花卉、銅鼓、蝴蝶，還有反映苗族歷史的一些畫面等，都作為一種構圖的元素一步步承襲了下來。而在技藝技巧上，刺繡則更生動地體現了苗家人的審美追求，那些抽象誇張的造型以及對色彩的應用和搭配，充分展示苗族人民對美的獨特理解與感悟。在我們走訪調研的貴州黔東南地區，縐繡、平繡、纏繡、堆繡、辮繡、挑花、鎖繡、錫繡、打籽繡、破線繡、釘線繡、馬尾繡、

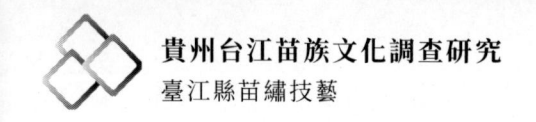

貼布繡、蠶絲繡等，都是在刺繡過程中慣用的技法。技法下又可分為若干針法，拿鎖繡來說，就有雙針鎖和單針鎖兩種不同的方式；再如破線繡，也有破粗線和破細線的分別。由此可見，苗繡的技法是十分精細的，技藝時至今日也發展得較為成熟了。因此，若從不同的角度看，苗繡亦有不同的類別。如果單從色彩上來講，苗繡可分為單色繡和彩色繡，單色繡以青線為主，其手法也比較單一，這樣的作品就顯得典雅凝重、樸素大方，很適合於在日常服飾上使用；而彩色繡則是用七彩絲線繡制而成，刺繡手法也更為繁複，或平繡或纏繡或挑花，內容製作也多種多樣，花鳥蟲魚或龍鳳麒麟都可繡制，這樣的作品則顯得絢爛多彩，圖案栩栩如生，是苗繡中的精品，在重大節日或者人生喜事中所穿服飾上則多用這樣的技法。這些體現了苗繡最高水平又充滿了民族特色的技藝和作品讓人看後無不嘆服，正如著名的藝術大師劉海粟稱讚的那樣，苗女刺繡巧奪天工，湘繡、蘇繡比之難以免俗」。同時對其工藝也給予了很高的評價，謂之：「縷雲裁月，苗女巧奪天工。」可以說精美絕倫、巧奪天工真的是對苗繡最貼切的評價了。

在苗人聚居的黔東南地區，服飾的圖案多選用龍、魚、蝴蝶、石榴之類的動植物，在色彩配搭上則喜紅、藍、粉紅、紫等明亮的色澤。在苗族人的心目中，蝴蝶、大鶺宇鳥被認為是苗族人的始祖，它們在服飾上的出現則更有圖騰崇拜的意味。並且這些圖案的出現往往是兩兩相對的，有著一種陰陽交合、生命創生的寓意，這些都形象地表達了苗族人對自然、宇宙以及對生命起源的理解和認識。還有一個習俗也流傳至今，即苗家每個姑娘未出嫁之前，媽媽都會以刺繡技藝相傳，並指導她們親手製作一套作為嫁妝的刺繡服飾，而完成這套嫁衣一般要三至五年，可以說它浸透著姑娘的心血和期許。而在苗人的傳統裡，那些心靈手巧的姑娘也更能獲得年輕小夥子們的愛慕讚許和追求。

臺江縣苗族刺繡在黔東南地區更是獨具代表性，堪稱苗繡的一部無字史書。透過臺江苗繡，我們可以一窺本地區苗族的歷史變遷及其文化精神，其所蘊含的精神內核對瞭解苗人的宗教信仰、社會歷史、日常生活、審美方式等都有著獨特的作用。當然，即使深入到一個片區去考察，我們也不能一而概之地去看，由於受到不同的地理環境、宗族特色、習慣風俗的影響，人們

的審美情趣和觀念也有著一定的差異。我們很明顯地感受到即使相同縣域內的不同地方，其刺繡製作的風格也是有所差異的。其中施洞鎮的銀飾刺繡工藝堪稱黔東南一絕，域內擁有多位國家級非物質遺產項目傳承人，其銀飾、刺繡產業化的水平也明顯高於周邊其他鄉鎮。

二、蝴蝶媽媽的傳說

　　仔細觀察苗族刺繡上的紋飾，我們可以發現蝴蝶這個圖案經常出現，透過探訪得知，苗人對蝴蝶的崇拜由來已久。在他們鮮活的生命裡，蝴蝶的圖騰從未遠去過。施洞鎮的一位繡娘跟我們講到，在她童年的時候，她的祖母每年總是在養蠶。每當祖母把細小的幼蠶拿回家的時候都顯得特別小心，並且會告訴孩子們，說這是蝴蝶媽媽的賞賜，所以要悉心照料。幼蠶往往會被放在一個小竹篾盛器上，用炭火來保持一定的溫度。等到幼蠶長大一些後，就將其移到一個大簸箕裡，等到它們吐絲時，被移到門板、木板等處。神奇的是，每當蠶們織完一張絲，就會用最後的絲線把自己包裹起來，這讓小孩子們覺得很是新奇。最後祖母則會將蠶蛹放到桑樹下，幾日後這些蛹們便會破繭而出，化作無數的飛蛾飛向遠方。這時候，大人們就會警告貪玩的孩子們，千萬不要用手去碰這些如美麗天使般神奇的動物，不然手就會腐爛。這位繡娘還講道，關於蠶，還有很多禁忌。例如，得稱它們「姑娘」，去外面要蠶回家要說「娶」回家，把蠶送出去要說「嫁」，彷彿蠶就是苗人家庭生活中不可或缺的一員。

　　一個問題隨之而來，苗族人為何如此尊敬蠶、尊敬蝴蝶呢？除了蠶在生活中的巨大作用外，從最原始的角度思考，即苗人的祖先為什麼會對蠶的生命形式給予如此的崇拜與特殊的關注呢？答案也許在於，蠶最為特別的地方莫過於其卵生化蝶的生命傳奇了。這是苗人先民對生命的一種最樸素和直接的關懷，而這種關懷恰恰來源於日常生活中最自然的狀況。自從人類懂得了觀察、學會了思考，對生命終極的關懷就沒有停下過探索的腳步。我們從母體中誕生，一天天成長，身邊的一切生靈也都在經歷著孕育、生長和消亡，終歸塵土。但是蠶卻是那麼別緻，由蝶而生，由卵成蟲，由蟲變蛹，最後又

由蛹化蝶，彷彿重生。這在人類看來是一個多麼神奇的生命歷程，是一次多麼奇妙的生命輪迴，苗人先民彷彿將化身的期望寄託在了小小的蠶身上，賦予了它們更多的神奇意義。自然，我們也就不難理解苗人對蝴蝶這一卵生的生命形式的崇拜了。苗人把蝴蝶看作上天的使者、人類的媽媽，希望它能夠給予人們再一次生命，再一次輪迴。

苗族是一個沒有文字的民族，但是民族的歷史和傳統卻透過古歌的形式一代代流傳下來，蝴蝶圖騰在不同的苗族古歌版本裡，卻都有著同樣的原始表達。田兵選編的《苗族古歌·十二個蛋》裡，就有這樣的句子「蝴蝶生蠶蟲蛋，團魚生岩石蛋……蝴蝶生下蠶蟲蛋，送給火炕三捆柴，火炕才來抱」；《苗族史詩十二個蛋》裡也說：「來看十二個蛋吧，看那古老的圓寶。蛾兒生蠶蛋，蛾兒生了它不抱，讓給誰來抱？蛾兒生蠶蛋，生在構皮紙上，交給火炕抱。」

由此可見，苗民的養蠶史可謂非常悠久了，毫無疑問，這對後來的江南主流蠶文化是一種豐富和發展。就好像亞里士多德所說的「哲學源於好奇」一樣，苗族先民對蠶由卵到蛹、由蛹化蝶這一生命歷程的好奇與崇拜開啟了他們的養蠶繅絲之旅，並創造性地將蠶絲紡織成可用於衣飾的布料。也許正是受到了蠶將自己用絲裹起來的啟發吧，苗民將蠶絲織成布料，並且死後也用絲綢把自己包裹起來，希望像蠶一樣化蝶重生。這樣，蠶也就被寄予了人類通往另一個世界的美好希望。

毫無疑問，蠶蝶圖騰來自於苗族先民對蠶的崇拜，而其崇拜的核心則是蠶化蛹成蝶的歸途。而苗人也希望能夠在一種和蠶一樣的儀式中獲得新的開始，開啟一段新的生命歷程，所以也才有了今日的苗家裹絲而葬的風俗。比如，只要有人去世，主客必會送一床蠶絲單，這被視為一種最美好的祝福，死者獲得的蠶絲單越多越好。此外，苗族人一般都會給自己準備一件絲製的壽衣。同樣，在一些重要儀式或者重大場合中，人們都要穿著絲製服飾。例如在苗族最為隆重的鼓藏節上，鼓社頭必須穿絲製鼓社服。在一些大型的祭祀典禮中，作為主祭的祭師也必須穿著絲製服裝。苗族先民對蠶這一獨特生命形式的崇拜造就了燦爛的苗家蠶文化，同時也為苗家刺繡工藝的發展奠定了良好的材料基礎。正是有了品質極高的絲織物，苗家的刺繡才有了較好的

用武之地；正是對蠶蝶的圖騰崇拜，苗家的刺繡也才有了最基本、也是最經典的造物。

三、苗繡工藝

臺江縣有著「天下苗族第一縣」的美稱，境內人口中苗族占比高達97%，苗族先民長期居住於此，也將燦爛多姿的苗族文化深深地烙在了這片土地上。苗人能工巧匠眾多，苗族女性心靈手巧，從而造就了苗族發達的傳統手工藝，例如刺繡、挑花、織花、蠟染、剪紙、銀飾等工藝代代相傳，保持著較高的工藝水平，有些技藝精湛絕倫，享譽全國。即使在日新月異的今天，隨著對外交流的不斷擴大，苗民受到外界的影響越來越大，但苗民的傳統工藝始終沒有丟掉以往的傳統，仍然保持著自己獨特的風格，並在逐漸地發展創新中。這其中，非常具有代表性的就是苗家的挑花刺繡工藝了。

從紋樣內容看，苗人所採用的植物圖案或動物圖案，都與苗族人民的生活結合得很緊密。從這點來講，不得不讚歎於苗家繡娘們對生活的細緻觀察和用心感受，身邊的一些普通動植物，在她們的手下就可以變化出無數的模樣，並且有著極為美好的寓意。例如，她們會用盛開的花朵來像徵年華正好的少女；用歡快活脫的魚兒來形容子女的繁衍；用成熟的石榴期望兒孫興旺；用飛翔的鳥兒來寄託對自由美好生活的渴望等。另外，她們好像對成雙成對的事物有著別樣的情感，魚鳥蝴蝶總是會成對出現，體現了苗民炙熱純真的情感訴求。

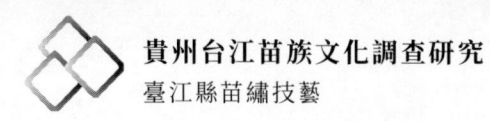

貴州台江苗族文化調查研究
臺江縣苗繡技藝

三、苗繡工藝

圖 1　苗繡上的紋樣圖案

　　在繡娘們的手下，彷彿一切又重新有了生命，她們也用這樣一種方式寄託了自己對生活的美好期許，這些圖形與紋飾，有的是祈求吉利，有的則體現了獨特的民族意識，有的則是懷念先祖、讚美生活等。表現形式上則有方形、菱形、圓形、三角形、橢圓形、多角形等不同的形狀，線條也變化多樣，有直線、曲線、螺旋紋、水波紋等，慧心獨具。

　　而苗繡最大的特色則在於它的創造性上，雖說繡娘們在刺繡過程中常用的圖案大體是那麼幾類，有著一定的統一性，但是她們既不死板地刻畫事物的本來形態，也不會千篇一律地在位置和搭配上保持固定，每一幅作品、每一件新衣服上總會獨創性地加入一些新的想法或者新的元素。每一件作品、

121

每一次創作也都融入了繡娘們的情感和靈感，也融入了她們對生活的觀察和體悟。正因為如此，每一件精心製作的衣服方才顯得那麼耀眼，那麼獨特。而所有的這些都不能忽視一點，那就是刺繡者的手法和技藝。具體來看，臺江苗繡技藝可從以下三個方面進行探討：

（一）挑花

挑花在苗語中被稱為「掛剛」，這也是臺江縣的苗族較古老的傳統工藝。女孩子家一般從七八歲的年紀就開始學習，傳授的方式傳統上是母女相傳或者姐妹相授，但在今日也逐漸有了師徒相傳的形式。待到十四五歲時，一般的女孩兒就能掌握一定的挑花技藝了。在苗家的傳統裡，挑花的手藝甚至可以成為評價一個女子是否能幹持家的主要標準。若是苗族女孩長大後不會挑花刺繡技藝，不但會被他人譏笑，甚至在婚姻生活中也會處於不利的地位。

挑花的原料多是布與絲線，在以前，苗家婦女幾乎人人繅絲織布，即使到了今天，很多地方的繡娘們依然用自己紡織、蠟染的布料來挑花。這種土布往往經緯分明，層次清晰，非常便於挑繡。至於挑花所用的線，也多是自己製作，但限於染料的條件，過去苗家挑花所用的線色樣並不多，但現在隨著工業制染技術的發達，更多色彩絢麗的花線在市面上容易購得。這樣一來，今天的挑花顯得既古樸又色澤鮮艷，更加美觀。

挑花圖案主要還是用在人們的衣著上，不過現在隨著生活條件的改善，人們在手帕、頭巾等生活用品上也慢慢地加入挑花技藝了。一般來講，一整套婦女的服飾有上衣、袖邊、頭帕、領邊、圍腰、腰帶、裙、綁腿等，這些地方都是挑花的重點區域，無不以有挑花為美。不過側重點有所不同，例如上衣、領邊、袖口等處會比較多，而綁腿處則會略有減少。再者，不同年齡段的女人所穿服飾的挑花數量也不盡相同，比如年輕姑娘們盛裝上的挑花很是鮮艷繁複。

挑花在具體手法上，一般不用先起樣，針法常用的有十字花和平挑花兩種方式。以十字花為例，就是在一塊平布上用繡花針先扣上一個十字形骨架，然後以十字為基本，繡上各式各樣的花紋。所以，出彩的地方一般在花紋的

造型上。在繡花紋的過程中，繡娘們一般會採取反面挑花正面看的技法。這麼做有兩個顯而易見的優點，一是可以保證正面的干淨和清潔；二是便於在操作過程中打結。所選擇的圖案一般是呈幾何形的動植物造型，其結構主要有交叉式、對稱式、斜菱形、二方連續式、單獨紋樣等。要素則主要是來自於苗家人的日常生活或者歷史故事傳說，比如蝴蝶、獅子、龍、魚、石榴、桃子、四瓣花、蕨菜等。苗家人一般深居山裡，這些都是其身邊所常見之物，但現在的挑花作品也增添了許多新的元素，比如在當地很少見的玫瑰造型等。再者就是色澤的搭配，苗家的基本色調有大紅、粉紅、翠綠、中黃、藍、白等，但一般多以紅、白為主調，間隙中可配搭其他相襯的顏色鑲邊。好的挑花作品，往往搭配得當，設計巧妙，畫面顯得綺麗多彩又舒適悅目，給人以熱烈而又古樸的感覺，展現了苗族民眾的氣質與風貌。

（二）刺繡

刺繡在苗語中稱作「能賀」或「能蒙」。臺江縣的刺繡工藝歷史悠久，影響範圍較大，技藝水平也相當高超。這裡的苗繡與湘繡、蘇繡和川繡相比，更具有獨特的民族風格和藝術技巧，其紋樣內容比較廣泛，飛禽走獸、花果蟲魚等，無所不包，但一般都採用水雲紋，多呈 S 狀。值得一提的是，水雲紋的應用是臺江苗族刺繡紋樣中最大的特色，其中尤以方囊型最為獨特。這種紋樣看起來輕鬆活潑，但又不乏協調流暢之美。位於臺江縣城中的苗族刺繡博物館內介紹的刺繡技法大致有平繡、纏繡、編卷、堆花、貼花、打子六種，下面作一個簡單的介紹：

1. 平繡：苗語稱作「賀刀勒」。大致的做法是先把剪好的紙花貼在繡花布上，然後以紙花為模板，用花線繞著紋樣繡，直至繡滿為止。平繡用色不用很複雜，一般以一種色調為主，比如藍色或紅色，如有需要再配以幾種顏色搭配。

2. 纏繡：苗語稱為「賀耶」。這種繡法比較複雜，對繡者心態和技藝的要求也比較高。做法也是先把剪好的紙花貼在布上，然後要用兩根穿好線的針交互繡。即甲針向乙針纏線，待乙針被纏好後，再向下刺，回針上來又為甲針纏線，甲再往下刺，這樣兩根針線互相換著纏繞對方。這種繡法費時會

比較多，比如繡一對衣袖花就需耗時兩個半月左右。所以，現在的繡娘們漸漸不再使用此種針法了。

3. 編卷：苗語稱作「賀刀」。這也是一種比較複雜的繡法，還是在貼好紙花的緞子上，用八根、九根或十三根彩色絲線編成寬窄不同的小瓣條。然後將這些小瓣條由外向裡，一圈圈地平鋪在紙花上，再用一根同色絲線把它釘緊，即成編繡。這種繡法繡出的紋案非常精緻，但費工也較多，制一對衣袖花需兩個多月時間，所以一般只用在節日盛裝上。

4. 堆花：苗語稱作「亮灑」。先將各色綾子剪成一個個小三角形，再將其下兩角向內折成帶尾的小三角，然後將它們在一塊底布上堆成花紋，用絲線固定。一般用來製作盛裝上的領花。

5. 貼花：苗語叫做「奢榜」。首先是準備好要用的彩色布緞子，將其剪成想要的形狀，然後貼到衣服上相應的位置，再沿著花紋的邊緣上滾個邊就可以了。貼花作為一種可後期裝飾的技法，一般用於婦女的背帶角或者圍裙帕的下端。

6. 打子：苗語稱為「秋波」。先將做好的剪紙花貼在底布上，然後用針從背面向正面往上刺，再將針尖於絲線底腳捲上兩轉，再刺下去，針針如此。這樣，每繡完一針，絲線就在面上打結成一個圓圈。繡好後，就會呈現出許多小圓點，花紋就是由無數的小圓點組成，顯得非常有質感和齊整。

（三）織花

苗語稱作「麗榜」。織花的圖案多採用連續的幾何圖形，內面多用菱形、三角形或單線曲折，外部多用平行線條連接。例如鳥、蝴蝶、花朵之類的抽象幾何圖形往往會被繡在衣袖、領子以及衣肩等部位。在織法上，嘎東型編織的花飾多用鬥紋布的機子織，經線多半以深藍色為主，緯線則是配搭各色花線，每織成一段加上幾根稻草作為記號。織完後，按記號剪下來用。編織的速度不盡相同，便裝和盛裝的花紋圖案的複雜程度和工序也都有所不同。方囊型的衣服雖用編織花飾少，但也需六七天才能織完一件盛裝所需的材料。

方你型的織法較為簡單,用土布機織,它是經線使用各色花線,牽紗時,預先佈置好花紋,再配上一色緯線即可。這種織法速度較快,每天可織一丈多。

圖2　現藏於臺江縣城文昌宮博物館內的苗家織機

在調研中,我們也看到一些傳統的織法已經慢慢被拋棄,由於織布的時間成本、人力成本較高,很多家庭裡的織機均被閒置不用,成為一個老物件或者可供參觀的擺設。此外,能夠熟練操作的繡娘也越來越少,一些傳統技藝的傳承現狀值得擔憂和進一步的思考。

四、臺江刺繡工藝現狀及未來發展思考

刺繡技藝作為苗族婦女所掌握的一門主要技能,因其與生活的緊密相連以及所蘊含的獨特審美及文化內涵,在苗人的代代發展中得到了較好的繼承,也才發展出今日絢麗多姿的苗人刺繡文化。但是在調研中,我們也越發明顯地覺得刺繡技藝的傳承正面臨著新的巨大挑戰。在交通及商品經濟日益發達的臺江,隨著教育普及水平的提高,越來越多的苗族姑娘從小進入學校接受義務素質教育,並且由於條件所限,寄宿的情況較為普遍,從而使得以家庭內部傳承為主的刺繡工藝遇到了不小的挑戰。再者,年輕人對刺繡這種精細複雜又費時的技藝的興趣也在逐漸降低。在走訪的村寨裡,大多數的年輕人

都在外上學或者打工，能從小持續接受刺繡教育的年輕一代已經不多，這些因素都對今日刺繡技藝的傳承提出了新的問題和挑戰。

如今在臺江縣，成熟的繡娘多是40歲以上的中年及老年婦女，她們大部分還保持著傳統家庭小作坊式的形態，自給自足、自產自銷。當然其中也有不少人憑藉著高超的技藝、靈活的思路將自己的刺繡帶上了產業化之路。現年50多歲的龍通花是臺江縣苗繡非物質文化遺產傳承人，她自小隨母親學習苗繡技藝，至今已有40多年。此外，她還有一重身份，是黔東南州民族工藝品行業協會的會員，為了促使苗繡技藝獲得更好的傳承與發展，也為了使苗繡更好地與市場接軌，龍通花經常帶著自己的苗繡、銀飾等手工藝品去縣、州、省乃至全國的展會參展。在她看來，這樣做一是可以交流技藝、開拓視野；二是可以展示作品、打響名聲。正如她所說：「在貴州開展多項刺繡作品比賽的帶動下，苗繡逐步走向全國各地，走向世界……但以前苗繡只在苗族人生活中自產自用，沒能走出來。在以前，老衣服和老繡片破舊了就丟了，非常的可惜。」後來她改變思路，嘗試著把廢棄不用的繡片經過一定的裁剪後鑲嵌在苗銀上，或者把苗繡繡到戒指上及手鐲上，這種在創新思路下誕生的苗族工藝品，在市場上取得了不錯的效益。「用苗銀結合苗繡做出來的戒指、手鐲等工藝品都挺受歡迎。」她不無自豪地對筆者說。

如今，作為傳承人的龍通花每年都要抽出一定的時間回村裡教授刺繡技法，她要讓這門手藝有更多的傳承人，有更多的發展和創新。現在她已經免費教了50餘位學生了，授課內容主要是苗繡的針法、配線等。如今，刺繡早已經成為她生命中不可缺乏的一部分了。龍通花的兒子也認為，正如苗歌一樣，苗繡對於苗族來講，也是傳承歷史的一種方式，他熱愛本民族的文化與傳統，目前也正在跟隨母親學習相關的技藝。

現在，越來越多的苗人認識到手工藝品的保護和開發必須走市場化的道路，只有在市場中流通並得到市場的認可，這種傳統工藝才能更好地持續發展下去。培養手工藝人的商業能力和生產技能，不僅是文化產業實現持續發展的關鍵，也有利於文化的保護和傳統的繼承。再者，創新也是關鍵的推動因素，如何將傳統與現代結合起來，如何在傳統的技藝土壤上植入今日的元

四、臺江刺繡工藝現狀及未來發展思考

素,這些都關係到苗繡能否可持續發展的前景。此外,還要增強手工藝企業的市場把握能力,要設計與開發符合市場需求的產品,從消費者的角度考慮產品的設計,按市場需求開發產品。

圖 3　臺江縣城姊妹街內的苗繡合作社

當然,刺繡技藝的傳承和保護也有賴於當地政府的引導和扶持。值得慶幸的是,臺江縣委縣政府對苗人工藝給予了足夠的關注與支持,比如,由縣婦聯開辦的「錦繡計劃」臺江手工刺繡培訓班就已經取得了良好的效果,幫助了 100 多名農村婦女學成就業。在培訓中,縣婦聯聘請了專業技術紮實、經驗豐富又熟悉刺繡行業特點的教師上課,手把手地教學,讓學員有更多的機會進行實踐操作,從而使得學員們在短期內掌握並提升了刺繡製作技藝。

此外，政府還積極推動刺繡工藝的市場化、產業化。在結業時，繡娘們就與臺江恆意苗族文化藝術專業合作社簽訂了近 4 萬元的刺繡訂單。目前，「錦繡計劃」刺繡培訓班已經連續開辦了 6 期，培訓學員已達 630 多人。在就業創業上，政府也給予了後續的指導和幫助，多數受訓學員都已走上為企業代加工或自己加工自己銷售的創業之路。

在互聯網＋經濟蓬勃發展的今天，我們看到，臺江縣也積極引導農村留守婦女利用刺繡的手藝，牽頭縣內刺繡龍頭企業一面為她們提供刺繡材料，另一面還要成為她們的經紀人，透過電商的方式把她們的苗繡銷售到全國各地。就如該縣婦聯主席李貴紅所說：「這是一種合作社＋基地＋婦女組織＋農戶的模式，解決了大多數留守婦女的就業問題。」

此外，我們還瞭解到，在 2015 年，由臺江縣婦聯舉辦的第三屆「錦繡計劃——百佳繡娘」評選活動中，表彰了 45 名優秀繡娘，鼓勵她們發揮自身的引領作用。在全縣創建以刺繡為主體的特色產業，帶動全縣 2 萬餘名留守婦女利用民族特色、一技之長增收創收，脫貧致富，開拓了全縣婦女「抱團」致富的新途徑，踏上了「錦繡」前程。

參考文獻

專著

羅田漢：《庇護——中國少數民族居住文化》，北京出版社，2000 年。

麻勇斌：《貴州苗族建築文化活體解析》，貴州人民出版社，2005 年。

盛襄子：《湖南苗史述略·三苗考》，1937 年。

熊克武：《臺江苗族歷史文化（幹部讀本）》，中國文化出版社，2010 年。

熊克武：《臺江非物質文化遺產》，瀋陽出版社，2011 年。

論文

陳國玲：《傳統長命鎖民俗淵源初探》，載《藝術科技》，2015 年第 1 期。

法寶·尚往笙，徐德俊：《苗族的情人節——姊妹節》，載《西部大開發》，2001 年第 7 期。

傅慧平：《論苗族「遊方」》，《青年文學家》，2009 年第 20 期。

過偉：《滿、壯、苗族創世女神的比較研究》，載《湖北民族學院學報（哲學社會科學版）》，2005 年第 2 期。

黃尚霞：《傳統文化習俗下的苗族女性形象》，載《貴州民族大學學報》，2014 年第 6 期。

黃婭：《從文化變遷看旅遊場域中的文化共生——基於西江苗族銀飾現代變遷的考察》，載《廣西民族師範學院學報》，2015 年第 6 期。

黃正彪：《苗族「牛角酒」》，載《民族大家庭》，1997 年第 5 期。

姜燕：《苗族婚戀觀中的女性角色——貴州施洞苗族「姊妹節」中的「踩鼓」考察與探究》，中央民族大學 2009 年碩士學位論文。

李昕，賀陽：《貴州施洞苗族銀飾的「盛飾」研究》，載《藝術設計研究》，2015 年第 4 期。

李子和：《牛耕神話和鬥牛風俗》，載《貴州文史叢刊》，1988 年第 2 期。

柳小成：《論貴州苗族銀飾的價值》，載《中南民族大學學報》，2008 年第 4 期。

滿芊何：《苗族服飾中的「牛」文化》，載《南京藝術學院學報（美術與設計）》，2009 年第 2 期。

聶乾先：《雲南「牛舞」的民族學考釋》，載《民族藝術研究》，1998 年第 5 期。

寧堅：《藏在花蕾裡的情人節——苗族姊妹節》，《西部人》，2003 年第 9 期。

參考文獻

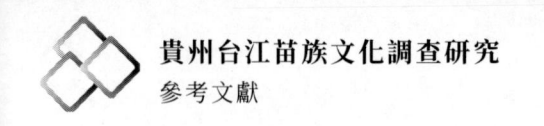

潘定發：《品讀雷山苗族吊腳樓》，中國苗族網，2014年5月21日。http：//www.chinamzw.com/WebArticle/ShowContent?ID=74

沈飛：《試論苗族牛角圖騰文化》，載《貴州民族研究》，1991年第1期。

文毅：《苗族鬥牛及其文化內涵》，載《黔南民族師範學院學報》，2006年第1期。

謝雨晨：《貴州苗族牛崇拜與審美文化內涵淺談》，載《金田》，2014年第12期。

楊景淞：《少數民族地區的牛崇拜文化及造型藝術》，載《雲南社會主義學院學報》，2009年第4期。

楊世貴，劉德榮，史軍超：《牛皮鼓的傳說（苗族）》，載《山茶》，1981年第3期。

楊曉輝：《貴州臺江、雷山苗族銀飾調查》，載《貴州大學學報》，2005年第2期。

易曉浪：《貴州苗族銀飾的審美特徵》，載《安順學院學報》，2015年第3期。

張丹：《苗族蝴蝶圖式中的女性符號造型探析》，載《大眾文藝》，2014年第22期。

張丹：《女性意識形態下苗族蝴蝶符號體系的構建》，載《美術教育研究》，2014年第11期。

[1] 參見雷安平等：《苗族生成哲學研究》，湖南出版社1993年版。本文此後引文均引自該書，不再出注。

[2] 臺江縣委書記趙凱明在和實踐團成員座談時，提到以上關於苗文化的幾個要點。

[3] 「妹榜妹留」：黔東苗族神話中人、神和獸的始祖母，很多學者一直把「妹榜妹留」譯為「蝴蝶媽媽」。

[4] 遊方：是苗族青年男女自由戀愛和進行擇偶的主要手段，以歌為媒，傾訴心事，商談終身大事。

[5] 滿芊何：《苗族服飾中的「牛」文化》，載《南京藝術學院學報（美術與設計）》，2009年第2期。

[6] 楊世貴，劉德榮，史軍超：《牛皮鼓的傳說（苗族）》，載《山茶》，1981年第3期。

[7] 謝雨晨：《貴州苗族牛崇拜與審美文化內涵淺談》，載《金田》，2014年第12期。

[8] 潘定發：《品讀雷山苗族吊腳樓》，中國苗族網，2014年5月21日。http：//www.chinamzw.com/WebArticle/ShowContent?ID=74

[9] 滿芊何：《苗族服飾中的「牛」文化》，載《南京藝術學院學報（美術與設計）》，2009年第2期。

[10] 文毅：《苗族鬥牛及其文化內涵》，載《黔南民族師範學院學報》，2006年第1期。

[11] 九擺鼓樓：鼓樓通常是侗族的標誌性建築物，九擺鼓樓是貴州省唯一一座苗家鼓樓。

[12] 程林盛：《古老神秘的苗族鼓藏節》，載《百科知識》，2011 年第 23 期。

[13] 李子和：《牛耕神話和鬥牛風俗》，載《貴州文史叢刊》，1988 年第 2 期。

[14] 沈飛：《試論苗族牛角圖騰文化》，載《貴州民族研究》，1991 年第 10 期。

[15] 黃正彪：《苗族「牛角酒」》，載《民族大家庭》，1997 年第 5 期。

[16] 楊景淞：《少數民族地區的牛崇拜文化及造型藝術》，載《雲南社會主義學院學報》，2009 年第 4 期。

[17] 聶乾先：《雲南「牛舞」的民族學考釋》，載《民族藝術研究》，1998 年第 5 期。

[18] 楊景淞：《少數民族地區的牛崇拜文化及造型藝術》，載《雲南社會主義學院學報》，2009 年第 4 期。

[19] 調研團在臺江縣與政府進行座談時，縣領導做的臺江縣文化工作情況匯報內容。

[20] 羅田漢：《庇護——中國少數民族居住文化》，北京出版社 2000 年版，第 72 頁。

[21] 盛襄子：《湖南苗史述略·三苗考》，民族出版社 2007 年版，第 5 頁。

[22] 羅田漢：《庇護——中國少數民族居住文化》，北京出版社 2000 年版，第 72 頁。

[23] 周真剛：《文化遺產法視角下的黔東南苗族吊腳樓保護研究》，載《貴州民族研究》，2012 年第 6 期。

[24] 過偉：《滿、壯、苗族創世女神的比較研究》，載《湖北民族學院學報（哲學社會科學版）》，2005 年第 2 期。

[25] 張丹：《苗族蝴蝶圖式中的女性符號造型探析》，載《大眾文藝》，2014 年第 22 期。

[26] 張丹：《女性意識形態下苗族蝴蝶符號體系的構建》，載《美術教育研究》，2014 年第 11 期。

[27] 傅慧平：《論苗族「遊方」》，載《青年文學家》，2009 年第 20 期。

[28] 尚霞：《傳統文化習俗下的苗族女性形象》，載《貴州民族大學學報（哲學社會科學版）》，2014 年第 6 期。

[29] 寧堅：《藏在花蕾裡的情人節——苗族姊妹節》，載《西部人民族風情》，2003 年第 9 期。

[30] 姜燕：《苗族婚戀觀中的女性角色——貴州施洞苗族「姊妹節」中的「踩鼓」考察與探究》，中央民族大學 2009 年碩士學位論文。

[31] 法寶·尚往笙，徐德俊：《苗族的情人節——姊妹節》，載《西部大開發家園》，2001 年第 7 期，第 64 頁。

[32] 姜燕：《苗族婚戀觀中的女性角色——貴州施洞苗族「姊妹節」中的「踩鼓」考察與探究》，中央民族大學 2009 年碩士學位論文。

四、臺江刺繡工藝現狀及未來發展思考

國家圖書館出版品預行編目（CIP）資料

貴州台江苗族文化調查研究 / 何善蒙 主編 . -- 第一版 .
-- 臺北市：崧燁文化，2019.07
　　面；　公分
POD 版

ISBN 978-957-681-840-0(平裝)

1.苗族 2.民族文化 3.貴州省

536.26　　　　　　　　　　　　　　　　　108009002

書　　名：貴州台江苗族文化調查研究

作　　者：何善蒙 主編

發 行 人：黃振庭

出 版 者：崧燁文化事業有限公司

發 行 者：崧燁文化事業有限公司

E - m a i l：sonbookservice@gmail.com

粉 絲 頁：　　　　　　網　址：

地　　址：台北市中正區重慶南路一段六十一號八樓 815 室
8F.-815, No.61, Sec. 1, Chongqing S. Rd., Zhongzheng
Dist., Taipei City 100, Taiwan (R.O.C.)

電　　話：(02)2370-3310　傳　真：(02) 2370-3210

總 經 銷：紅螞蟻圖書有限公司

地　　址：台北市內湖區舊宗路二段 121 巷 19 號

電　　話：02-2795-3656 傳真:02-2795-4100　　網址：

印　　刷：京峯彩色印刷有限公司（京峰數位）

　本書版權為九州出版社所有授權崧博出版事業股份有限公司獨家發行電子書及
繁體書繁體字版。若有其他相關權利及授權需求請與本公司聯繫。

定　　價：250 元

發行日期：2019 年 07 月第一版

◎ 本書以 POD 印製發行

♦ 崧博出版　♦ 崧燁文化　♦ 財經錢線

最狂
電子書閱讀活動

即日起至 2020/6/8，掃碼電子書享優惠價　**99/199**元